本书受到中央高校教育教学改革项目"'双一流'建设背景下财经类院校大学生创新创业教育体系研究与实践"和研究生教育教学改革项目"工商管理类硕士研究生课程案例库建设"资助

SIX

The Six Disciplines of Qualitative Study

杜 鹏　李庆芳

——— 著

质性研究的六项修炼

经济管理出版社
ECONOMY & MANAGEMENT PUBLISHING HOUSE

图书在版编目（CIP）数据

质性研究的六项修炼/杜鹏，李庆芳著. —北京：经济管理出版社，2018.11
ISBN 978-7-5096-6051-5

Ⅰ.①质… Ⅱ.①杜…②李… Ⅲ.①社会科学—研究方法 Ⅳ.①C3

中国版本图书馆 CIP 数据核字（2018）第 226432 号

组稿编辑：杨雅琳
责任编辑：杨雅琳
责任印制：黄章平
责任校对：董杉珊

出版发行：经济管理出版社
（北京市海淀区北蜂窝 8 号中雅大厦 A 座 11 层　100038）
网　　址：www.E-mp.com.cn
电　　话：（010）51915602
印　　刷：三河市延风印装有限公司
经　　销：新华书店
开　　本：720mm×1000mm/16
印　　张：13
字　　数：232 千字
版　　次：2019 年 4 月第 1 版　2019 年 4 月第 1 次印刷
书　　号：ISBN 978-7-5096-6051-5
定　　价：58.00 元

·版权所有　翻印必究·

凡购本社图书，如有印装错误，由本社读者服务部负责调换。
联系地址：北京阜外月坛北小街 2 号
电话：（010）68022974　邮编：100836

推荐序一　奇妙的质性研究之旅

我与作者的因缘

回顾我与《质性研究的六项修炼》这本书的因缘，可追溯至2003年，我到台湾高雄中山大学博士班分享我的质性研究经验，巧遇当时还是博士生三年级的庆芳，从此结下了良缘。因为庆芳的指导教授蔡敦浩老师曾在大学时教过我，又因为当时我刚从台湾的量化研究主流中杀出一条质化道路，因此对于想要从事质性研究的庆芳，总感觉有一份莫名的牵绊。2004年，我们一同参与在美国纽奥良举办的美国管理年会（Annual Meeting of the Academy of Management），更加深了彼此的互动关系。

2007年庆芳取得博士学位后，我常邀请他来（新竹）清华大学科技管理研究所，分享从事质化研究的经验。我也静静观察他的成长，也见证他的许多论文获得学界肯定的过程。后来，庆芳默默养成写部落格（Blog）的习惯，逐渐将其研究经验发展为《质性研究的六项修炼》，在2013年7月间完成《质化研究之经验叙说：质化研究的六个修炼》。后来，2014年庆芳与实践大学丁斌首副校长访问武汉中南财经政法大学，又促成庆芳与杜鹏教授的合作，在两岸、两位学者的努力下，2017年又重新加上大陆案例、脉络与用词，促成《质性研究的六项修炼》在大陆的问世。个人乐见庆芳这段奇妙的质性研究之旅，更期盼此著作缩短两岸质性研究学者的距离及学习曲线。

扎稳六个修炼的马步

我喜欢阅读武侠小说，在我的著作《创新六策》一书中，也常用武功门派比喻六个创新策略；因此，每每阅读《质性研究的六项修炼》一书的许多论述时，常有修炼功夫的同感。个人对于庆芳与杜鹏用"修炼"一词，来比喻练习质化研究的过程，不仅十分传神，也感觉特别亲切与贴切。《质性研究的六项修炼》一书，叙说一位质化修炼者如何历经"田野调查""研究方法""文献脉络""写作习惯""理论对话""创意铺陈"六个修炼的求道过程，逐步积累质化研究的能量与功力。尽管，每一个质性研究者的招数各有不同，但是阅读《质性研究的六项修炼》一书时，总能让我勾起过去的回忆，甚至会有不一样的启发。这是一本质性学习者的指引书，也是质性研究者的回忆录。

必也赋名乎

最后，我以《创新六策》一书中的"赋名（Framing）策略"鼓励两位作者，每一个人在学术界都要有自己的故事，以自己的故事和他人产生联结，持续接受挑战并突破关卡，修炼以达到另一个境界。就像我常常跟大家分享的故事：1997 年，我第一次尝试将我的论文投稿到台湾某知名管理学术期刊，但很快地就收到退稿通知，主要理由是个案分析不是学术研究，建议我可以改投《天下杂志》或是《工商时报》等报章杂志。另外，我也明白，相对于庞大的量化研究学者，两岸质性研究的社群仍相对较少，也十分期盼庆芳与杜鹏两位教授合作的著作，成为两岸质性研究学者合作的一个案例，促成两岸质性研究社群互动的起点。更期盼透过《质性研究的六项修炼》这本著作，号召两岸更多学者从事案例研究，用更多华人的案例发展出更适合华人企业的管理论述。

众里寻他千百度，蓦然回首，那人却在，灯火阑珊处。

台湾新竹清华大学特聘教授
科技管理学院副院长、科技管理所所长
洪世章

推荐序二

质性研究有一定程度的魅力，对于研究者来说，进行质性研究的过程也是一项深具挑战的修炼。其中，魅力乃源自于质性研究的本质兼具了理性与感性。与一般量化研究相同，质性研究也力求以科学的方法探究事实的真相，所根据的是证据（Evidence）是否客观、周延以及具有充分的说服力。这是质性研究必须遵守的理性之本质。至于感性方面则指，质性研究论文的撰述，除了要求将研究者所观察到的现象转化成有血有肉的故事，进而诠释其意义，并且予以一定程度的概念化、理论化之外，质性研究论文更需具有可读性、同理心以及共鸣性，进而传达出余韵无穷的弦外之音。正由于如上所述，一篇好的质性研究论文必须同时融合理性与感性的交织与纠结，因此，对于质性研究者确实是一项巨大的挑战，包括从研究问题的确认，适当的理论观点的寻找，田野数据的搜集与分析，赋予数据有系统性的意义，以至于最终研究发现及其与理论的不断对话与省思。这些研究活动中，每一个重要的细节都有赖研究者以穷理致知的精神与滴水穿石的毅力，始能察觉真善美之境界。

所幸，由杜鹏与李庆芳两位教授合著的《质性研究的六项修炼》一书，提供了研究者在进行质性研究时的实践做法。本书条理分明、脉络清晰、纲举目张、举例充分，以及由浅入深的论述与系统性的章节安排，相信能够给学习者带来循序渐进与事半功倍的学习效果。特别是本书的第二部分所撰述的六项修炼，即田野调查、研究方法、文献脉络、写作习惯、理论对话以及创意铺陈，每一项修炼所论述者、言简意赅、条理顺畅，细细品尝颇有与我心有戚戚焉。除了非常吻合质性论文所应具备的可读性、同理心以及共鸣性的要件之外，更进一步地激起读者有一种顿悟与豁然开朗的喜悦。更重要的是，所举的例证非常通俗化、生活化，就好像是我们生活周遭经常看到的一般化现象与生活百态。所以，如果说这六项修炼除了是质性研究者应该努力建构的研究能力的基础之外，作为一般人生活素养的修炼，也绝对会是提升生活智能、改善人际关系与理事能力（效率）

最佳的修炼方式。

至于，与本书两位作者的结缘，主要是2012年我与李庆芳教授在台湾共同组建了一个"价值共创学术社群"（Value Co-creation Community，VCC）。大家在共同致力于价值共创课题的学术研究的过程中，深深佩服李教授的思辨能力、创意发想、对于现象的归纳与分析、精准的提问以及敏锐的观察力。同时，也因为李教授的关系，我于2016年与2017年分别在广州及武汉，与杜鹏教授共计有十余天的交流、研讨以及企业参访的共事经验，深刻了解杜教授对于案例的掌握非常丰富，并且于这些案例掌握十分精准，包括脉络的疏理、问题的挖掘、推理的深度以及理论观点运用能力等，均令我十分折服。也因此，相当乐见两位教授经由多年的努力，将两人合作调研的经验与智慧结晶出版本书。本书对于有志于质性研究的莘莘学子，在质性研究方法论的基础奠定上，必然受益无穷。诚所谓"工欲善其事，必先利其器"，相信这本《质性研究的六项修炼》，就是首选的"利器"。

最后，值得一提的是，我们价值共创社群在这五年多来，与杜鹏教授等学者以及企业的交流与合作历程中，我们发现，大陆企业的案例非常丰富，具有多样性，并且由于大陆的企业经营在互联网科技的浪潮下以及近十几年来的宏观经济迅猛增长，带动了企业经营管理与营销实务的创新。从这许许多多成功的、卓越创新的企业案例隐约可以观察到，华人独特的儒家思想或多或少地被融入企业文化的经营实务。也因此，我们预期，如果能够大量地开采这些案例、厘出其脉络，并且进一步地、有系统地概念化与理论化这些案例的研究发现，这样持续地努力下去，是有机会建构出属于华人世界的管理理论、战略理论以及营销理论的。这样的使命与愿景，提供了两岸学者后续更加紧密合作与共同研讨的方向，也是我们未来共同努力与共创学术价值的目标。

方世杰，谨志于
台湾成功大学企管系

推荐序三

中国管理研究的发展,早期是依附于西方管理理论之下逐渐形成的,具有强烈的学术倾向。随后不久,管理研究就显示了它的实用取向,逐步成为指导中国企业发展的工具。在管理实践中,由于情境的差异,从西方移植的管理理论并不完全适用,从而导致了本土化研究的兴起。

近年来,有学者开始在研究中基于研究问题的实际需要尝试多元方法论。扎根理论、案例研究被广泛推崇,而诸如深描、历史分析、比较分析、田野研究、企业史研究、事件史分析等偏质性的研究方法也逐渐进入管理学者的视野。

质性研究可以被认为是"以研究者本人作为研究工具,在自然情境下采用多种资料收集方法,对社会现象进行整体性研究,主要使用归纳法分析资料和形成理论,通过与研究对象互动对其行为和意义建构获得解释性理解的一种活动"。它具有探索社会现象、对意义进行阐释以及发掘总体和深层社会文化结构的作用。

质性研究的优势就在于能够对社会现象进行更为深入透彻的理解和解释。在中国情境的管理理论构建过程中,尤其是处于中国管理研究的初级阶段,在发展概念和构建理论的时候要采用归纳法,质性研究是必须且适合的研究工具。同时,质性研究也是在理论和文献匮乏的领域内进行理论构建的有效工具,尤其在倡导"理论自信、文化自信"的背景下,适用于在中国文化情境中创建新的理论。

由中南财经政法大学杜鹏教授与台湾实践大学李庆芳教授合著的《质性研究的六项修炼》一书,是典型的"跨界"。第一,这是由海峡两岸学者"跨界"划出的新篇章,糅合了两岸理论和实践的精华;第二,本书是一次"跨界"的尝试,它既是教材,也是专著,还是畅销书,更是一本经验秘籍。它详细记录了从"菜鸟"到"熟手"的心路历程,对自己的做法、想法和感受进行了反思。细腻的情感体验、新颖的思维方式和坦率真诚的表达毫无保留地呈现给读者;借此经验分享帮助各位缩短学习曲线。

　　本书思路清晰，结构合理。第一部分开宗明义什么是质性研究。以"现象、故事、意义、反思"来说明质性研究的本质；明确细分群体，阐明什么人适合做质性研究；分享质性研究者的意愿与能力。第二部分分享笔者学习质性研究的历程：田野访谈、研究方法、理论脉络、写作习惯、理论对话、创意铺陈六项修炼。第三部分分享质性研究的瓶颈，并以近年来合作的质性研究论文和案例与读者分享。行文言简意赅，通俗易懂，选择的案例也凸显"本土化、可触摸、很鲜活"的特征，值得一读。

　　在互联网科技、传统企业转型的背景下，中国企业将呈现出多样性、独特性特征，这也为中国本土管理研究提供了契机，希望两岸学者更加紧密合作，共创价值！

教育部长江学者青年学者
武汉大学经济与管理学院副院长
汪涛教授、博士生导师

推荐序四

与李庆芳和杜鹏两位教授结缘，首先得感谢我的同校社团同学张元珍女士。2014年，我常驻武汉负责康师傅华中区业务，张元珍女士大力促进两岸的文化交流，邀请我去中南财经政法大学工商管理学院进行分享交流，有幸与两位教授见面。第二天，我邀请他们前往康师傅武汉经济开发区工厂参观，一整天交流下来，两位教授从各自领域分别提出了一些建议令我记忆犹新。李教授拥有"独门绝技"——心智导图，你随时随地都能看到他边听边互动边在即时信息的基础上勾勒逻辑框架，眨眼间，一副思路清晰、逻辑严密的心智图跃然纸上，先前我们沟通的核心内容都非常清晰地呈现出来；杜教授思路活跃、喜欢接受新事物，接触的企业案例和实务经验丰富，思维跨界，脉络清晰。后来我与两位教授互加微信，经常见面，分享康师傅和实务界的最新咨询，他们也互动沟通关于管理理论界的最新成果。

管理大师彼得·德鲁克说："管理是一种实践，其本质不在于'知'而在于'行'。其验证不在于逻辑，而在于成果，其唯一权威就是成就。"中国企业的管理亟须中国本土化的管理理论的建立和指引，而质性研究是适用于中国文化情境中创建新理论的适合选择。很高兴见证两岸学者联袂的研究成果——《质性研究的六项修炼》一书出版。首先，这本书可以给读者带来技能，可以直接学习，指向读者的短期实操。其次，它还可以给读者带来经验，可以咨询建议，指向读者的中期决策。再次，它真实反映了学习、研究、人生中"现象、故事、意义、反思"的开悟历程，指向读者的长期自我成长。又次，此书开始尝试建立场景化学习机制，开始探索知识的吸收内化和学以致用问题。语言风趣诙谐、真情实感流露、一手资料的呈现、富有成效的学习效果，这种思维方式和方案对于做企业也很有借鉴意义。最后，通过"输出"学习，通过"使用"学习，通过"分享和交流"学习。

期盼此书，推动两岸更多学者从事案例研究，用更多本土的案例发展出更适合中国企业的管理理论。

康师傅控股有限公司华北区董事长
张百清

自 序

缘 起

首先，感谢我有幸以此书与李庆芳教授结缘，也感谢因此书与各位同好结缘。希望我们质性研究的经验分享，可以协助各位对质性研究有进一步的认识，也能更有信心从事这种有趣的研究，或者通过研习书中的六项修炼过不一样的觉知生活。

在进入六项修炼之前，我先说明撰写本书的理由。2008 年，台湾实践大学张元珍女士来访中南财经政法大学，推动两岸高校学术交流，我与其因我导师万后芬教授而结缘。2013 年，我担任 MBA 学院管理案例研究中心主任，负责管理案例的研发与教学，同时也开始关注案例研究方法。后经张元珍女士倡议和撮合，推荐台湾实践大学李庆芳教授，以案例为突破口，两岸学者携手，深度推进学术研究。其间几次邀请李庆芳教授来 MBA 学院分享质性研究的经验，那时便种下合作这本书的种子。此后，我们便开始反思这一路走来所遇到的"六个关卡"，这也正是我们学习质性研究的历程。后来，加上慢慢修炼"写作习惯"，我们才逐步拼凑（Bricolage）完成这本书。

这是一本经验秘籍，不是教科书

个人认为质性研究是一种透过"现象、故事、意义、反思"的开悟历程。以我们的学习经验来说，并没有一套标准化的流程。事实上，本书是我们的经验分享，而不是教科书；希望我们的经验可以缩短各位的学习曲线。

质性研究的六项修炼

本书内容精华——质性研究的六项修炼

本书共分为三个部分,主要的架构与说明如下:

第一部分:什么是质性研究?本书以"现象、故事、意义、反思"来说明质性研究的本质。什么人适合做质性研究?本书分享质性研究者的意愿与能力。

第二部分:质性研究的六项修炼。分享我们学习质性研究的历程:田野访谈、研究方法、理论脉络、写作习惯、理论对话、创意铺陈六项修炼。

第三部分:如何赏析质性研究?分享好的质化作品所应具备的条件。质性研究有哪些撞墙期?分享我们所经历的低潮期。最后,以我们近年来合作的质性研究论文和案例与各位进行分享。

个人期望通过我们的质性经验分享,协助读者学习六项修炼,使之更有信心、更有把握从事质性研究。

感谢与感恩

这本书得以完成首先感谢台湾实践大学张元珍女士。与张元珍女士结缘至今刚好9个年头,没有张元珍女士的穿针引线,就没有和李庆芳教授的合作。更令人钦佩的是,张元珍女士70岁高龄还坚持学习,拿到了台湾实践大学EMBA学位。活到老、学到老,在她身上得到了印证。

其次,感谢台湾实践大学李庆芳教授,李教授带我闯入质性研究这个丛林,同时在学术路上一直陪伴我成长。

再次,在学术界这段旅程中,我遇到许多贵人的相助;他们往往以直接、间接的方式协助我,包括台湾成功大学方世杰教授、周信辉副教授及其打造的价值共创社群;康师傅控股华北区董事长张百清经常提供给我康师傅的进展和资料,并给了我撰写产学个案的机会;好孩子集团创始人、总裁宋郑还先生,维尚集团副总裁、总经理黎干,湖北中烟工业有限责任公司陈实、刘畅,搜床科技(Xbed)集团CGO柳军廷等也给予了我帮助。当然,还有许多默默协助我的学界前辈,以及接受过我访谈的企业家等,在此,感谢这些贵人的相挺。

最后，本书受到中央高校教育教学改革项目《"双一流"建设背景下财经类院校大学生创新创业教育体系研究与实践》、研究生教育教学改革项目《工商管理类硕士研究生课程案例库建设》、专业学位教学案例建设项目《互联网背景下商业模式变革系列案例开发》的资助，是其研究成果之一；同时获得第八届湖北省高等学校教学成果一等奖。本书得以出版，要感谢中南财经政法大学工商管理中心学院和MBA的大力支持，使我有幸能够接触大量鲜活的案例和访谈大量的EMBA、MBA校友；经济管理出版社杨世伟社长、杨雅琳女士也提出了一些宝贵的意见，并对本书做了不少文字修改工作；管理案例研究中心研究员樊帅、程丹丹、胡小青、程师分享了两篇自主开发的案例，这两篇案例均获得全国百篇优秀教学案例奖；硕士研究生刘欣、童玥、缪莎在全书结构设计、文字编排、案例开发、调研访谈等方面做出了重大贡献。在本书付梓之时，再次向所有提供帮助的学者、研究生、企业人士表示衷心的感谢！

尽管我们对本书的内容进行了多次修改，但不足之处在所难免。诚恳地欢迎广大质性研究学者及社会人士批评指正，欢迎读者提出宝贵的意见。

敬请关注公众号：深客·商业（shenkeshangye），一起共创价值！

中南财经政法大学　杜鹏
Email：dupeng@zuel.edu.cn
微信：dragondoggy
台湾实践大学　Ching-Fang Lee 李庆芳
E-mail：cflee@mail.kh.usc.edu.tw
微信：Cflee0928750822
2018年10月

目　录

第一部分　质性研究初探

第一章　什么是质性研究 ······ 3

§1　什么是质性研究 ······ 3
§2　从量化到质性的四个转变 ······ 8
§3　五个假设与盲点 ······ 14
§4　质性研究的"131法则" ······ 20
§5　质性研究的实践历程 ······ 24

第二章　什么人适合做质性研究 ······ 27

§1　质性研究者之"定向" ······ 27
§2　质性研究者之"定态" ······ 32
§3　质性研究者之"定位" ······ 40

第二部分　质性研究的六项修炼

第三章　第一项修炼：田野调查 ······ 47

§1　初识田野 ······ 47
§2　田野调查的修炼 ······ 53
§3　田野调查的"四技" ······ 56
§4　田野调查的"五问" ······ 58

§5 田野调查的"三要" …………………………………… 62
§6 田野调查的"二寻" …………………………………… 65
§7 田野调查的"一核心" ………………………………… 68
§8 田野调查中应该知道的四本书 ……………………… 70

第四章 第二项修炼：研究方法 …………………………… 72
§1 研究方法修炼 …………………………………………… 72
§2 研究方法简述 …………………………………………… 76
§3 质性资料分析"五步曲" ……………………………… 84
§4 资料意义开采三要诀 …………………………………… 87
§5 叙说的力量 ……………………………………………… 90
§6 研究流程五环节 ………………………………………… 92

第五章 第三项修炼：文献脉络 …………………………… 95
§1 理论脉络修炼 …………………………………………… 95
§2 参考文献里的五个秘密 ………………………………… 97
§3 阅读文献的四个秘诀 …………………………………… 100
§4 阅读文献的三个重点 …………………………………… 101
§5 阅读文献的两个方法 …………………………………… 103
§6 如何撰写文献综述 ……………………………………… 105

第六章 第四项修炼：写作习惯 …………………………… 111
§1 写作习惯修炼 …………………………………………… 111
§2 写作的五个难题 ………………………………………… 113
§3 写作的三个准则 ………………………………………… 116
§4 写作的四个技巧 ………………………………………… 119
§5 写作的三个要点 ………………………………………… 122
§6 写作的三个关键 ………………………………………… 124
§7 引言用法标准 …………………………………………… 126

第七章 第五项修炼：理论对话 …………………………… 128
§1 理论对话修炼 …………………………………………… 128

§2　对话理论 130
　§3　对话现象：重新赋予意义 134
　§4　对话经典：反客为主，与大师斗智 138
　§5　资料与理论对话的四个步骤 141
　§6　打破思维框架的魔咒 142

第八章　第六项修炼：创意铺陈 144
　§1　创意的五个来源 144
　§2　创意铺陈，其实可以很简单 146
　§3　构思的三个技巧：探究质化论文的本质 148
　§4　铺陈，深化研究亮点 150
　§5　问假想敌的"对话与铺陈" 153
　§6　对话与铺陈实例：学术对话历程的分享 156
　§7　对创意铺陈的三点误解 160

第三部分　质性研究作品赏析

第九章　如何赏析质性研究 165
　§1　知性、理性与感性的作品 165
　§2　研究作品的三个层次 168
　§3　孕育研究的灵魂：主见与成见 170
　§4　审稿人之见：好作品的六个原则 173

附录一　质性研究论文推荐 177

附录二　质性研究书单推荐 180

参考文献 185

第一部分 质性研究初探

第一章　什么是质性研究

§1　什么是质性研究

如果您问我："什么是质性研究？"我会这样回答："质性研究就是关于'现象、故事、意义与反思'的思维历程！"

什么是质性研究？有人用"正反合"的辩证法来说明，认为质性研究要以个案来进行辩证，只有通过与人不断深入地对话才能产生深度的思考，厘清似是而非的概念。我们也曾经用"没有标准作业程序（Standard Operating Procedure，SOP）的研究方法"，将质性研究解释为主动提问、主动解决、创造新规则并持续不断地精进研究，但还是未能精确说明到底什么是质性研究。透过多次的反省与体会后，我们决定采用"现象、故事、意义、反思"的架构，来说明质性研究的实际做法与质性文章之间的对比（见图1-1）。

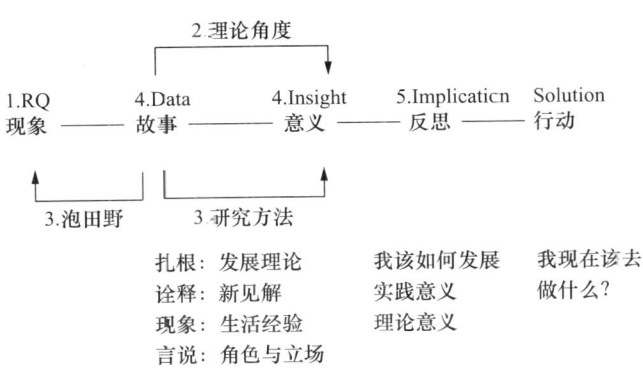

图1-1　质性研究的架构

在生活中,我们每天都会遇到各种奇奇怪怪的现象,或有趣,或严肃,或平淡,或惊心动魄。但是,大多数人已经习惯了"不假思索"地活着,对身边的现象视而不见。我们也常反省:做研究一定要这么忙碌吗?忙,心之亡也。人们在所谓的"忙碌"中渐渐失去批判力。因此,我们必须对现象"觉知",即探究现象背后的多重意义。接着从这些意义中反省,最后采取对应的行动,这就是我们认为的"质性研究"生活。换言之,质性研究者能利用平常生活中的大小事持续修炼,敏锐观察周遭的"现象",透过创作转换成一个个有趣或感动的"故事"。再经由故事的穿透性,看穿意义与背后的运作机制,进而勾起作者与读者内心深处的"反省",最后转成实际的"行动"。图1-1诠释了我们心中的质性研究。

质性研究的架构为"现象→故事→意义→反省→行动"。

对于质性研究者来说,他们习惯对现象反应敏锐,因此在日常生活中会很自然地警觉到一些很有趣的"现象"。例如,生活中的学校体罚事件、"网红经济"的兴起、"虎妈、猫爸、狼爸、羊爸"现象、企业被"逼捐"现象、医闹事件等。心中常常会浮现"为何会这样"的好奇心,透过"泡田野"的脉络沉浸,探究现象并将之描述成为一个精彩的故事,能使我们逐渐深入地理解并体会故事背后的意义。最后,我们从"得到的意义"启动反省机制,思索对于自己具有什么意义或者对企业又有何意义呢?透过内在反省机制产生动力,而反应在行为上,这就是行动。我们将这个从现象到行动的历程分为以下三大步骤。

一、"现象"转化成"故事",用故事诠释"意义"

好的研究应该能讲述一个好的故事。精彩的故事,让人更容易进入剧情,深受感动且印象深刻。我们将用三个案例来说明"从现象发展成故事的过程"。

第一个案例为"虎妈、猫爸、狼爸、羊爸"等教育方式的探讨。父母对孩子教育方式的不同选择,孩子对教育方式的享受、接受、忍受或反抗,这是在日常生活中经常看到的实际现象,但当您开始关注此现象时,就会发现很多有趣的地方,我们便可依据这些,撰写有趣的小故事。例如,蔡美儿的"虎妈战歌"、狼爸的"三天一顿打,孩子进北大"以及"猫爸"与"羊爸"推崇的"和孩子跳一场圆舞曲"等。

第二个案例关于电影《汽车总动员》。我们曾在课堂上播放该影片,与学生分享"闪电"麦坤的故事,共同探讨其内涵。透过精彩的赛车故事,不仅让学生思索"冠军""第一名"的意义,更能思索"冠军奖杯"内含的实质意义与虚拟意义。对于某些人来说,冠军代表机会与财富,霸道、痞子气的"路霸"为了赢得比赛不择手段;但对于另一些人而言,冠军不过只是一个空杯子,毫无意义,他们更加看重的是比赛过程中的情感,如友情、胜利、荣誉和名声远远不是生活的真谛。

第三个案例是朱自清的散文《背影》。这是一篇大家都很熟悉的文章,作者通过火车站铁轨和橘子来铺陈场景,呈现父子离别的感伤,并利用刻画父亲爬过铁道去买橘子的"背影"深深掳获读者的心,怎样走去,怎样探身下去,怎样爬上月台,攀上爬下,移脚倾身,都细细地如实写下,令读者有身临其境之感,仿佛自己当时也在场,看到了一位至情至善的父亲对儿子的关怀和体贴的情景。这样的故事铺陈,表达伟大与含蓄的父爱。当然也可解读出这篇文章透露出的朱自清平时与父亲的沟通等更深层次问题。

因此,只要故事精彩,自然会引读者入胜,它所蕴含的意义也自然会慢慢浮现,而不需要读者大费周章地揣摩或推敲。在听完一个故事的当下,一般的读者就能感受到作者所建构的真相与想要表达的意义,而敏锐的读者则可以感受到更多。这就是为何质性研究需要通过铺陈一个精彩的故事,来浮现研究的意义。

二、深受意义的感动,您已经开始反省与行动了

了解这些现象或故事背后的意义后,接下来来谈谈"反省与行动"。以上述的例子来继续做说明。当我们读了许多关于"虎妈、猫爸、狼爸、羊爸"等小故事之后,就会开始反省,思考到底哪种教育方式对孩子的成长是适合的。孩子童年的快乐更重要,还是长大成人后的成功更重要?孩子成长中的"圈养"与"放养"该如何权衡?妈妈们在生活上如此关爱自己的孩子,为何在教育孩子上却变成凶猛的"母老虎"?"虎妈"是否等于"中国妈妈"?在和父母或者孩子出现教育方式上的分歧的时候,该如何进行调和?有了答案之后,我们对教育方式有了新的看法,也许,下次当你教育子女之前,你会综合考虑各种教育方式的利弊,同时换位思考,与伴侣、甚至孩子进行深度平等的探讨,而不是随意对待。

另外,以"背影'来说,当你阅读了这篇精彩的故事之后,你也许会被这伟大的父爱所感染,你开始反省:"我平常对父亲的态度太差、语气不好、关心也不够……"然后因为故事的感动而有所改变。例如,在路上看到父亲爱吃的食

物，会不由自主地买回去跟父亲一起分享；即使没事，也会想要给远在家乡的父亲一通关心的电话，开始改变你和父亲的关系。

三、寻找合适的"理论观点"磨亮新发现

原则上，"现象、故事、意义与反省"就是质性研究的过程。只不过，我们日常生活中的修炼并不用站在巨人的肩膀上，我们只需用简单的生活观点，甚至不用任何理论，就会对现象有深深的感知、感动与行动。回到学术上的质性研究，其实也是同一个历程，不同的是，学者们通过学术理论与架构来包装这个历程。因此，包装一个生活化的现象，需要找到一个合适的理论观点来协助我们磨亮新发现，才能看得更深。研究者针对论点进行理论探究，并采用不同的论点从各种角度解析现象背后的意义，得到新意义与反省，这就是建构新理论的过程。

四、我们的反思：六件学术外衣

如果我们想把质性研究的实际做法，即"现象、故事、意义、反省"的过程转化成一篇质性文章，只需要包上六件学术的外衣。

第一件学术外衣是"研究问题"（Research Question）。"现象"在学术研究中的意义即"研究问题"。例如，我们将企业运营中发生的现象转化成研究问题，如"在电商市场中，供应链的核心从合作伙伴转变为消费者"这个现象，经过探究转化成的研究问题是"面向消费者的供应链与面向合作伙伴的供应链有何差异？传统市场以企业间协同为主的供应链如何转型以适应电商市场？"等。我们可以以此为例，仔细回想个案研究中的有趣现象，思索背后可研究的议题①。

第二件学术外衣是"理论观点"（Theoretical Perspective）。借助学术理论的角度，协助我们解析研究问题，看穿故事背后的意义。理论观点是质性研究至关重要的一部分，它既是质性研究的起点，也是质性研究的终点。因此，选择一个合适的理论视角是解读现象、将现象包装成研究问题的关键。同样一件事，从不同的角度看，就会产生迥异的意义。例如，近两年提议的"延迟退休"政策引发各方争议，人社部与社科院的代表各持不同的看法与解读，社科院认为"延迟退休"并不明智，而人社部则表明延迟退休年龄已是一种必然趋势，关键就是他们所选择的角度不同。又如，我们探讨制度距离、渠道治理与分销商机会主义行

---

① 肖静华，谢康，吴瑶，廖雪华. 从面向合作伙伴到面向消费者的供应链转型——电商企业供应链双案例研究［J］. 管理世界，2015（4）.

为时，我们既可以采用交易成本理论，也可以采用关系交换理论，还可以综合考虑交易成本理论、关系交换理论、制度理论和渠道治理理论。用不同的理论来定位故事的意义与理论贡献。一个好的理论视角应该是具有洞察力的①、紧密与现实联系的②以及贴合数据分析层次的③。并且，应该尽量避开选择陈旧的、未成熟的、已经被过度使用的和过于实践性的理论④。

第三件学术外衣是"研究方法"（Method）。一篇完整的学术研究论文必须交代研究过程。本书的第三章即介绍质性研究的研究方法，主要说明我们如何从这个故事去找到意义，如何去收集数据、分析数据并透过理论对话获得不同的意义。一般来说，质性研究方法因目的与技巧的不同有以下四种：第一种是扎根理论，从客观的数据通过开放性译码、选择性译码与主轴译码来发展理论。第二种是诠释学派，借助理论观点发掘新见解（New Insights）或用新的角度去诠释现象，找出令人印象深刻的意义。第三种是现象学，透过观察与访谈，寻找受访者的生活经验，再从生活经验寻找现象背后的问题。第四种是话语分析（Discourse Dnalysis），通过受访者的话语，澄清每个角色的立场。

第四件学术外衣是"研究发现"（Finding）。"意义"即学术文章的"研究发现"。我们铺陈故事和体会的新意义，其实就是研究发现。质性研究的主要目的是为了"发现什么"，而不一定要"证实什么"。质性研究者通过对研究对象的观察、访谈所收集到的信息和资料进行长期、动态的分析和归纳，在不断地收集、分析和归纳中，逐渐找到研究的新发现⑤。这个范畴通常有两个部分：第一部分是故事叙说，也就是数据呈现的方式。第二部分是文章的论点（Arguments），透过数据分析发展出新的论点，将故事升华。也就是说，仅仅把故事讲得动听是远远不够的，质性研究的最终目的是要发展理论⑥。例如，有许多研究

---

① Walsham G.. Doing Interpretive Research ［J］. European Journal of Information Systems, 2006, 15 (3): 320 - 330.

② Eisenhardt K. M.. Building Theories from Case Study Research ［J］. Academy of Management Review, 1989, 14 (4): 532 - 550.

③ Yin R. K.. Case Study Research: Design and Methods ［M］. Thousand Oaks, CA: Sage Publications, Inc, 2003.

④ Pan S. L.. Demystifying Case Research: A Struc - tured - Pragmatic - Situational (SPS) Approach to Conducting Case Studies for Practicing Case Researchers ［J］. European Journal of Information Systems (forthcoming), 2011.

⑤ 胡中锋，黎雪琼. 质的研究之反思 ［J］. 广州大学学报，2003，2 (11): 74 - 78.

⑥ 毛基业，李晓燕. 理论在案例研究中的作用——中国企业管理案例论坛 (2009) 综述与范文分析 ［J］. 管理世界，2010 (2).

缺乏理论升华，有的仅仅停留在故事叙述，有的虽然进行了理论分析，但是不够深入，难以升华为具有普遍意义和被广泛认可的研究结论。质性研究者不应满足于描述现象，而要从描述现象进阶到解释现象，进一步将故事升华成理论。

第五件学术外衣是"讨论"（Discussion）与"启示"（Implication）。"反省"就是讨论与启示（包括理论意义与管理意义）。反省之前，我们就新论点与既有的理论主张进行对话，说明支持或不支持既有观点，以凸显文章的理论贡献。反省之后，可得出理论意义与管理意义。例如，当我们探讨出驱动企业供应链转型的主要因素、供应链战略更新的路径以及面向消费者与面向合作伙伴供应链的差异之后，我们就会拓展供应链转型的理论内涵，并在管理意义方面提出可行的改善方案，做出实践上有意义的建议，反省要如何去改善、怎么做才会更好。

第六件学术外衣是"摘要"（Abstract）与"结论"（Conclusion）。我们可于文末附上500字的摘要、简单几个关键词说明本文的精髓，结论补上研究的局限性与未来可能的研究方向，这是全文"画龙点睛"之笔，而一篇质性研究的长相大抵就是如此。

将"现象、故事、意义、反省"的架构，包上六件学术外衣就是一篇质性研究文章，因此，"现象、故事、意义、反省"这个架构，不就是质性论文的架构吗？六件学术外衣所对应的质性研究的过程如图1-2所示。

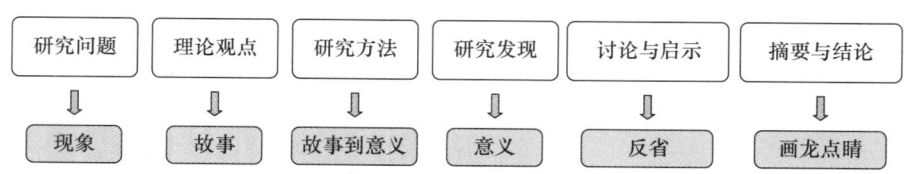

图1-2　质性研究架构与六件学术外衣

§2　从量化到质性的四个转变

当您要从事质性研究时，应当先思索一下从量化到质性的四个转变（见图1-3）。

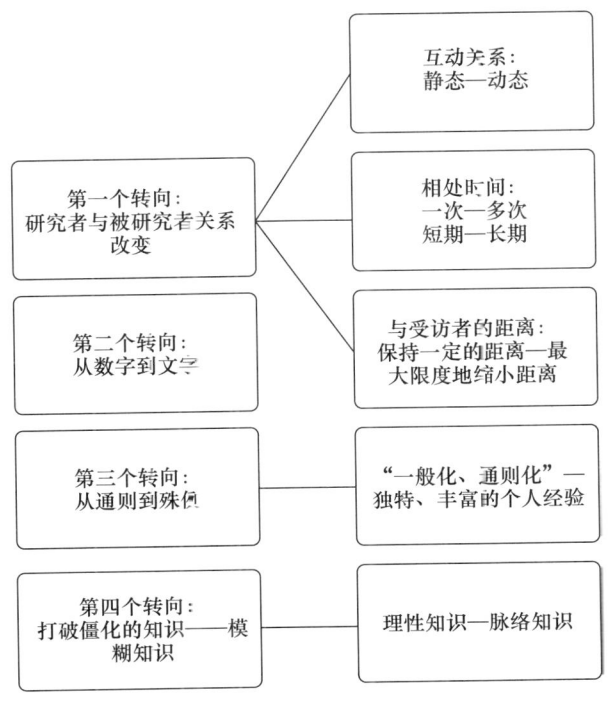

图1-3 从量化到质性的四个转变

量化研究与质性研究究竟有何不同呢？我们认为，量化研究是一种采取较为科学的方式提出研究问题，辅以问卷、量表、测验为主要研究工具，搜集资料经统计分析来解释的研究方法。量的研究有一套完备的操作技术，包括抽样方法（如随机抽样、分层抽样、系统抽样、整群抽样）、资料收集方法（如问卷法、实验法）、数字统计方法（如描述性统计、推断性统计）等，正是通过这种测量、计算和分析，以求达到对事物本质的把握。量化研究的优点在于有效率，在短时间内分析数据，验证而获致关于假设的对与错。质性研究是通过研究者和被研究者之间的互动，对事物（研究对象）进行长期深入访谈，长期接触"搏感情"，记录访谈内容并整理故事，从故事中萃取深层意义，进而到反思研究问题，对事物的"质"有一个比较整体性的、解释性的理解，获致新见解。虽然两种研究方法截然不同，但事实上，质性研究与量化研究各有所长，两者不是相互排斥的，而是互补的。

一、改变从彼此的关系开始

第一个转变是研究者与被研究者关系的改变,我们可以从互动关系、时间、距离这三个方面进一步说明,也就是从保持距离到涉入受访者。

第一,互动关系从静态到动态。量化研究的认识论假定研究者独立于被研究者之外,研究者与被研究者之间是一种主客关系,研究者完全可以作为一个局外人,远离被研究者,同被研究者保持距离,站在客观的角度,避免主观价值的涉入。另外,量化研究者应当在研究设计、选择研究对象、研究控制、操作化过程、得出结论与撰写报告等方面都保持价值中立。总的来说,研究者与被研究者的互动相对较为静态。然而,质性研究的认识论则假定,研究者与被研究者是双主体的互动过程,并且,其价值论认为涉及人的双主体研究保持价值中立是不可能的,承认价值涉入的存在。在质性研究中,研究不再只是对一个固定不变的客观事实的了解,而是一个双方彼此互动、共同理解的过程。研究者与被研究者采取一问一答的方式,进行动态性的深度访谈,被研究者会随着问题内容、访谈时间的长短以及访谈地点、脉络等,产生不同的回答。此外,研究者也会随着被研究者的不同反应,而引导出各种新颖的想法与问题。因此,彼此的互动充满了不可预期的发展,是一种由双方彼此开发、探讨与学习的动态历程。在反复互动的过程中,研究者与被研究者密切接触,相互影响,彼此信任。

第二,相处时间的变化。一方面,在质性研究中,研究者即是研究的工具,而不是像量化研究那样以统计软件为研究工具。在这个意义上,质性研究就不可避免地要求研究者通过长期地深入体验实地生活来从事研究工作。另一方面,质性研究访谈时间的长短、何时与何地访谈,均会影响访谈的内容。换言之,质性研究是一种较不可控制、经由参与而成的学习。因此,访谈互动的过程对于质性研究者而言,也正是最好的学习时机。反观量化研究对于时间的看法,则采取比较中立的态度处理之。

第三,与受访者的距离。在量化研究中,研究者与被研究者客观地保持着距离;在质性研究的过程中,研究者与被研究者的关系较为紧密、很难保持客观。他们之间不但没有保持一定的距离,而且追求最大限度地缩小"我—他"的人际距离,深入到被研究者的内心世界,获得真切的体验和认同①。因此,其研究

---

① 秦金亮. 国外社会科学两种研究范式的对峙与融合〔J〕. 山西师大学报(社会科学版),2002,29(2):5-10.

结果往往是研究者与被研究者的共同创作。读者是透过被研究者的眼睛看世界,因此研究者只有对被研究者足够熟悉,才能理解与发掘其行事的动机[①]。换言之,质性研究非常强调"我在那里"(I should be there),以消弭研究者与被研究者之间强烈的隔阂感,追求所谓的"共感"(Contextualism),双方借由彼此经验的结合而产生共同创作。

由以上三个维度的分析可知,研究者与被研究者的互动关系、相处时间与距离发生转变,这就是从量化研究到质性研究的第一个转变。

二、数字真的会说话吗?从数字到文字

近年来,统计数据"打架"现象频频发生,引发社会舆论的关注。例如,2014年12月国家统计局发布消息:广州房价同比增长高达20.9%,环比上涨0.8%;就在同一天,广州市国土房管局发布了另一则消息:房价环比降低了10.6%,当月成交均价同比下降7.1%。这两个部门发布的信息截然相反。再如,信息产业部关于民众对2006年电信服务业满意度的最新调查显示,中国电信的电话服务用户满意度得分最高,上升幅度也最大,而消费者协会发布的2006年电信服务投诉则同比增长20.7%。更有甚者,2016年官方媒体曝光东北三省经济数据造假风盛行,不仅误导中央和地方的规划决策,且已演化为破坏党风政风、损害政府公信力的腐败推手……这些自相矛盾的数据表明,以数字表述的量化研究并非都是客观事实的反映,而要受到调查设计者、实施者以及被调查者的立场、社会地位、文化和知识背景的制约。可见,主要倚重统计数字的科研项目也有可能面对掺有极大水分,甚至完全造假的"统计数字"。在这种情况下,那些因此而受累的科研项目也就成了假冒伪劣"产品"。

因此,研究从数字到文字的转变,是起因于有些研究者开始质疑数字传递脉络的能力是有限的,这连带使研究者的理解也受到了限制。人生的经验何其复杂,岂能是单一数据能够完整传递的呢?数字对人类的互动、人类内隐的脉络,只能提供有限的理解,而那些丰富的人生经验并不是单纯的统计图表、数据所能诠释的。我们必须觉知到,这些事情之中的情节、特征、环境及行动,才是应该关注的焦点。

事实上,数字与文字都是一种语言,文字所承载的脉络甚至更为丰富。量化

---

① 梁丽萍. 量化研究与质化研究——社会科学研究方法的歧异与整合[J]. 山西高等学校社会科学学报, 2004, 16 (1): 25 - 28.

研究透过数字将被研究者排除在研究之外，简而言之，就是将所有的数据编码、整合，并将个人化的经验移除，只是找出被研究族群的共通点，尽管可以快速找到族群的共通性，但这个共通性俨然也丧失了经验与经验之间细微的差异。忽略了差异之后的结论，事实上表达并不够清晰完整。质性研究的基本方式是用文字来加以详细的描述，而不以数字来加以测量。在研究的手法上，质的研究搜集到的观察记录、访谈记录与文献资料往往是描述性的，在表述研究的结果时也是利用描述性的文字或图片。通过对被研究对象在研究现场中言语、行为、情绪等方面的特点进行分析，从而解释社会中各种复杂现象内在的关联性。

所以，我们该从数字进一步转为文字的描述，才能将个人化的经验，提供脉络细节以萃取出"生活的大智慧"。推动科学研究的发展，不仅需要具有"科学"象征的数字研究，也需要具有"人文"象征的社会文化描述和意义分析。

三、Nobody？Somebody？从通则到特例

第三个转变是从通则到特例。量化研究出来的结果希望能够"一般化"与"通则化"，能够有统一、一致的说法与推论总体，使结论较为好预测与控制。然而，质的研究要求研究者对自己的"前设"和"偏见"进行反省，并随着实际情况的变化，不断调整自己的研究设计，强调个人故事的"特例"，也正是独特性、丰富性的个人经验，并透过被研究者的叙说，使其人生经验呈现出来、萃取智慧，使人产生共鸣与反思。因此，质性研究的结果只适用于特定的情境和条件，不能推广到样本之外。

因此，我们常说量化研究在找一个"共相"（Universal），而质性研究在找一个"殊相"（Particular）。但是人的经验非常复杂，驱使人行动的动机与理由也就不尽相同，一个通则可能与事实不那么密切，而"殊相"会去撷取"本地知识"（Local Knowledge）来提供不同的见解。举例来说，武汉的著名小吃街——户部巷有许多小吃摊，但不一定全部的小吃摊都是武汉的特产，可是当外地人来到户部巷时，会误以为这些小吃全都是武汉的特产。而我的"本地知识"就像仅有武汉人才会知道哪里有巷子口"隐藏版美食"。

换言之，我们不仅必须要了解脉络知识，也要清楚这些脉络之间的关系，才会有全然的理解。质性研究就是注重理解文化与人之间的互动，并从这些经验中学习并获得成长，寻找每一个不同的"殊相"。真理与知识不应只是单一面相，而应是多面相的。量化研究的复杂度虽然相对较低，我们也不能否定量化研究的

效率性。

所以,第三个转变是,当我们要从通则转变开采特例,并从殊相中体悟新的见解,那么,研究方法自然得由量化转变为质性研究。

四、打破僵化的知识——模糊知识(Blurring Knowing)

第四个转变是从理性知识到脉络知识。也许我们会以为自己对于研究的事物已经有了充分的了解,但事实上我们却可能在研究的过程中渐渐地模糊了真相。真相是存在的,但是当我们以不同的方法去研究时,如何能够断言我们使用这个方法所发现的结果就是真相呢?实际上,我们的发现可能与真相失之毫厘,也可能谬以千里。

从事量化研究时,我们通过一些法则或理论来统计、分析数字,并得出结果。换言之,量化研究立基于数字之上。可研究者究竟是相信数字还是相信真相呢?举例来说,我们会认为量化研究是比较客观的,但实际上这样的客观是建立在数字的基础上,也是研究者自己相信数字以及统计法则。因此,量化研究者也必须要去反省这个问卷是不是使用正确的方式提问。若是提出问题不合宜,那么所得出的数字真相可信吗?

因此,要了解真相有很多方式,量化是一种构筑在数字与统计法则上的方法;而质也是另一种方法。实际上,质性研究强调使用更多的方法重新理解经验,并让读者产生共鸣,或更进一步地从故事经验中得到深刻的反省。量的研究到质的研究,得做出从理性知识到脉络知识的改变,知识存在于脉络之中,唯有通过叙说的方式才能赋予意义。因此,数字、法则、统计分析也仅是一种方法,我们应该用更多的方法来重新理解经验与共鸣的故事。或许,我们运用故事及专注于特定事件,更能理解这种脉络化的知识。

五、我们的反思:从质量争辩到方法的本质

质性、量化无须争辩,我们更注重的是方法论的本质,都是要萃取知识与生活智能。从量化、质性到叙说的转变,并不是方法上的精进,而是基于不同假设的不同方法。事实上,量化研究与质性研究就像是两面截然不同的放大镜,今天你想要看什么?就必须谨慎挑选适当的工具。例如,你要看清显微镜下的东西,就必须不停地更换透镜,方能找出最佳的视野,才能更贴近于真相。最后再举一个例子,量化与质性研究仅是工具与方法的不同,要获得什么样的结果,就要使

用不同的工具。如拿来洗脸的应该是毛巾，而不是袜子。

§3 五个假设与盲点

质性与量化研究只是方法上的不同，其探究、贴近真相的本质却始终是一致的。在第二节"量化到质性的四个转变"中，提及了我们在质性研究过程中的四个转变，而这些转变也启发我们做了一些反思，进而反省自己在研究过程中可能已经犯下或是即将犯下的错误。接下来，我们将从"信度、客观、通则、效度、演绎与归纳"五个方面，反思其背后可能的假设与盲点（见表1-1）。

表1-1 五个假设与盲点

假设	盲点	反思
反思一：信度的假设	质性研究的语言、文字会因人而异，唯有定量研究的数字最客观、最能准确表达真相	语言、文字、数字都是表达真相的方式，并且都无法全面且完整地陈述真相
反思二：客观的假设	质性研究者与被研究者建立互信关系，不能完全保持客观；而定量研究调查者与调查对象无直接关系，结果可以保持客观	定量研究事实上是一种单向式的收集资料，不能保证实现真正的客观
反思三：通则的假设	量化研究的"通则化"，对于所有的人事物、理论皆可通用	"通则化"固然贡献巨大，但在理解真相上，还得"觉知"个体的复杂性与特殊的价值性，须以质性研究方法来理解
反思四：效度的假设	量化研究结果可以推测总体，而质性研究结果不具有代表性	质性研究同样具有推广效度，但两者主张不同。量化研究用统计方法找证据，从通则找出可预测的模式，获得对未来的掌控；质性研究则追求理解案例独特性，凸显经验并启发读者有所反省，而非预测或控制
反思五：演绎与归纳	量化研究采用演绎法，质性研究采用归纳法	质性研究不乏采用演绎法的案例，归纳法也常见于量化研究

一、信度的假设（Reliability）

在第二节中我们提到了数据的造假事件，以数字表述的量化研究并非都是客观事实的反映。在研究上,大家必定会关心研究的信度议题,也就是研究的可信度。例如,在量化研究中,我们就要思考问卷的可信度是否足够,问卷的问题是否与被研究族群相关联,这就是我们理解的"信度"。可以想一想,当我们去研究事实与真相时,量化研究是利用问卷这项工具,并将得到的结果变成数字,借以传达总体的真相。然而这个数字是否真的可以明确地表示真相?这也正是我们为何关切研究的可信度。可是,量化研究是使用数字与问卷作为传达真相的语言,但是其中真的就没有任何的偏差吗?

质性研究认为数字是一种衡量的工具,我们平日使用的语言、文字、脉络也都可以是工具的一种。我们的目的是要了解真相,因此都会用"象征"(Metaphor)的方式。例如,老师在课堂上教学,通过口述、文字或图表、事例等讲述理论或道理,就是借着"象征"的方式让学生得以理解。所以,不论语言、文字、数字都只是"象征"真相的方式,协助我们传达真相罢了。尽管老师用同一种教学方法,可是学生却不一定能够完全得到与老师相同的理解。这也说明了,不管语言也好、文字也好、数字也罢,在表达真相之时都免不了无法全面且并完整地陈述真相。

质性研究的主旨在于探究人的生活体验或生命经验,其实量化的研究亦然。但我们能选择的表达方法不单只有数字可行,真相就像一个鼎,需要多只脚来支持,若我们只用一只脚去撑起这个鼎,就会摇摇欲坠。因此,量化研究的信度也是建立在"数字能够表达真相"的假设上,认为语言、文字会因人而异,进而造成解读上的困境,唯有数字是最客观而能清楚精确地表达。可是,若我们一味把语言、文字的工具去除掉,许多的脉络、情感也会跟着消失,或许我们将更远离真相。换言之,量化研究以数字、问卷、统计、概率等数学语言传递真相,但这样的可信度其实仍是不足的。若更严厉地批判,量化研究学者也应该反思研究上的信度,会不会也只是一种"假信度"罢了。当我们只是一味地相信数字、统计方法、概率,尽管这些方法都会有一定的客观结果,但是我们是否该想一想,这些客观结果的背后,有没有可能已和实际的生命经验有所差异。

二、客观的假设

首先,我们谈一谈收集资料的客观性。量化和质性,哪一种研究方法收集的数据是客观的?仅从方法的层面看,量化的方法可能更多地考察对象的共有属性,而质性的方法则更多地考察对象的独特性。Smith 和 Joel(1991)认为,当

"共有的属性""重要到足以忽略其本身的独特性"或者那些独特性不是当前研究要考虑的因素时,研究者将选择量化的方法,否则,将选择质性方法①。不过,当涉及客观、主观、真实这些概念时,还存在研究者的科学和哲学立场问题。例如,在传统实证主义立场下,无论量化还是质性方法,都把所见所闻与现实建立对应关系——耳听(被访者的话)、眼见(研究者的观察)均为实;而在激进建构主义的立场下,无论量化还是质性方法,都不可能得到所谓的真实。不同的科学哲学决定了对研究者的理论预设和数据采集结果的评估原则。这也解释了为什么对量化和质性方法采集的数据还存在相反的说法,即质性更真实,量化不能反映真实②。

质性研究者与被研究者进行直接的沟通且建立互信的关系,并不是完全保持客观、中立的距离。在质性研究的采访中,研究者与被研究者是借助互动,在一来一往的问答中互相影响与学习的。这个过程是自然而然地进行,无法事先预知结果的。质性研究承认研究者的偏见。许多质性研究者明白,质性研究永远不可能客观、不可能保持中立。研究者个人的思维方式、使用的语言和解释的原则必然符合他们生活中基本的、约定俗成的规范,否则就不可能对研究对象进行任何意义的阐释,更不可能与他人交流。在这个意义上,可以说研究者的偏见是质性研究达到理解目的的前提。另外,质性研究不否定研究者的价值取向,但是研究者应当对自己的偏见进行反思③。反观,量化研究以问卷收集资料,不管是谁做问卷调查或是调查的对象是谁,皆已与调查者无直接的关系;因此,量化研究宣称研究的结果可以维持客观的角度。

其次,资料收集的单向性与双向性。在质性研究过程中,访谈是研究者与被研究者互动过程中的产物,研究者与被研究者从互动过程中认识,也是一种关系的历程。双方愿意倾听、分享、人际互动,这正是双方的共同创作,而这样的成品是融合了两者的生命经验并互相激发而成的。因此,质性研究强调采访的过程,我们是不可能全然保持客观的。过程正是一个互信互动的结果,是一种关系的建立。可是,量化研究虽然宣称是秉持客观的角度,事实上是一种单向式的收集资料。量化研究能实现真正的客观吗?当我们碰触他人生命体验时,很难不主

---

① Smith Joel. A Methodology of Twety – First Century Sociology [J]. Social Forces, 1991, 70 (1): 1 – 17.
② 孙五三,刘晓红. 量化 vs. 质化是非七辨 [J]. 新闻与传播研究, 2012 (4): 76 – 84.
③ 田海龙. 趋于质的研究的批评话语分析 [J]. 外语与外语教学, 2013 (4): 6 – 10.

观。有时候我们以为自己客观，可是别人认为你不客观。或许，量化研究的客观本身，会不会也是一种自我的宣称呢？

无论是量化研究还是质性研究，其"客观"和"真实"的评价都不可一概而论，而应当取决于研究者所进行的任何描述或得出的结论是否有证据支持。

三、通则的假设

量化研究的模式是，事先决定一群受访的总体，从中随机抽出样本再进行问卷调查获得结果。最后，再将这个结果"通则化"（Universal），扩大到整个总体都符合这个结果。这是一种找通则的研究方法，可是，这样的推论过程却忽略了个体的复杂性。当我们想理解个体的复杂度时，我们就必须深入收集本地知识（Local Knowledge），才能理解文化或人际的互动。换言之，个体特殊性的真相，不能只靠单一的通则面向呈现，需要借助质性研究来开采背后、本地化、个人化的意义。

举例来说，生物学对于生物分类法有一个大通则，便是"界、门、纲、目、科、属、种"。但是地球上所有的生物真的能以这七个项目分类清楚吗？再举猫科来说，我们可以从通则上大概理解猫科动物的基本本能。可是若我们随意在路上观察一只野猫，它的本能、行为在大通则之下又有所不同，这便是所谓的"殊相"（Particular），这些与本地知识、本土脉络息息相关，须以质性研究的方法理解其特殊性。

当然，量化研究的价值在于追求通则化，通则化不但没有错，而且通则化对于社会大规模的进步，其帮助是不可磨灭的。但是，重点是我们不能被这个通则的框架所限制，误以为所有的人事物、理论皆可通用，在理解真相上，我们还得"觉知"个体的复杂性与特殊的价值性。

四、效度的假设

效度即是探究一般化或通则化的效力。量化研究需要说明从样本推论至总体的有效程度，反思样本的结果是不是真能够确实地表达，方可确认这份量化研究的价值。

有人认为量化研究的结果可以通则化，由样本来推测总体，而质性研究的结果则不具有代表性和普遍适应性，因为质性研究的样本量小、结果不精确。这种观点的成立其实包含了两个前提假设：一是从样本到总体只有一种概化类型——

外部统计概化（External Statistical Generalization），即将选取的有代表性的样本经过研究，得出的结果概化至样本所属于的总体；二是不能将研究结论推至总体的研究就相当于不能概化，不能概化也就表示没有价值。

然而，事实上，概化的类型不只外部统计概化这一种。质性研究一般采用分析概化或案例到案例的迁移概化。如果研究者想要把某项质性研究得出的结论用来解释其他类似的情况，就形成了案例到案例的迁移概化，即从一个案例中得到的研究发现，推论到另一案例中，这种推论的效度，取决于从中得出研究结果的案例的情境与要推论至的新案例的情境的异同。另外需要说明的是，质性研究的样本量虽然一般较小，也不是随意确定的。

在量化研究方面，外部统计概化也不是唯一的概化方法。例如，量化方法中的实验方法，由于在大多数情况下采用目的抽样而不是概率抽样，无法进行外部统计概化。某些量化研究并不进行外部概化，甚至不追求概化，而一般只是作为了解某种情况是否存在的手段。大部分的网络问卷调查，不企图也不可能推论到某个总体。例如，2011 年 5 月 2 日本·拉登被击毙消息公布后，凤凰网于 5 月 2～3 日进行了一项网上调查——"你认为本·拉登的死能否有效打击恐怖主义？"，给出了 5 个备选答案，共有 480212 人参与了投票，得到了以下调查结果①：① 能，这是反恐战争的胜利，恐怖主义将受到遏制：占 80667 票（16.8%）。② 能，伊斯兰极端势力就此衰落，恐怖主义时代将会过去：占 11462 票（2.4%）。③ 不能，拉登已不是核心人物，他的死对恐怖主义没什么影响：占 118384 票（24.7%）。④ 不能，更多极端势力将投身恐怖主义，恐怖活动愈演愈烈：占 229494 票（47.8%）。⑤ 说不清：占 40085 票（8.3%）。

从这个问卷调查结果，我们既不能得出全中国有 19.2% 的网民（或凤凰网网民）认为本·拉登的死能有效打击恐怖主义，也不能得出全中国有 72.5% 的网民认为本·拉登的死对打击恐怖主义没有效果。也就是说，我们不能对这个调查结果做任何概化，但我们可以了解到，凤凰网所限定的 5 种态度，都有不同数量的网民回应。

可见，针对不同的研究目的和不同的概化目标，有不同的研究方法和概化类型，以某一种概化类型的价值标准去评估各种研究方法的价值是不适当的。

最后，质性研究本来就不认为个体的特殊性能代表群体。或许用"批判度"

---

① 凤凰网. 你认为本·拉登的死能否有效打击恐怖主义？[EB/OL]. http://news.ifeng.com/world/special/binladendead/.

或"智能的移转"会较贴切一些。换言之,透过质性研究,我们将个体的独特性挖掘出智慧,而对读者有所启发,将个案的生命经验反映或反思自身的处境。质性研究最为看重的正是这种反思能力,也就是将他人的经验智慧地转移至自身,并从中获得智能的增长。它追求理解案例的独特性,凸显经验并启发我们有所反省,对社会现象进行深入细致的研究,再展露其本质,从而对处于类似情形的人和事起到一种参照作用,通过认同而达到推广,而非预测或控制人物的世界。这样的主张与量化研究并不相同。量化研究讲求眼见为凭,用统计方法找到证据,并希望从通则中找出一套可预测的模式,当统计运算找出了一个通则后,放大并将之套用在所有的总体,从而获得对未来的掌控。但是,人生经验如此复杂,有时并无法一一概括论之。

五、演绎与归纳

量化研究大部分采用提出问题、做出假设、选择研究方法、数据收集与处理、假设检验的演绎法;而质性研究则大多数都采用归纳的方法。于是,有些人便认为量化研究必须采用演绎法,而质性研究只能采用归纳法。其实,质性研究也有许多采用演绎法的案例,而量化研究也偶尔采用归纳法。

例如,杨宜音的《自己人:一项有关中国人关系分类的个案研究》是一项质性研究(2005)[①]。研究者在5个村对106户进行了入户访谈,与两户家庭分别共同生活了15天和70天;又分别对3个城市的5位居民进行了深度访谈,并访谈了与他们有关的人员。搜集的资料包括农村人的婚礼礼账、分家单、居住分布图、家谱、土地地契与承包合同、家庭经济账目、借款记录、通信等;城市人的电话通讯簿、日记、通信等。研究者还请其中3人对自己的全部个人关系进行了分类。但是在此之前,研究者首先分析讨论了对中国人的关系进行分类的各种理论,在此基础上提出了关于中国人关系的分类框架假设,然后再用上述质性方法采集数据,验证假设。

量化研究中的聚类采用归纳逻辑进行分析。只不过这种归纳不是靠人去判断,而是利用计算机统计软件。较之传统的归纳分析,量化研究使用的计算机聚类,其优势是可以同时处理多个变量和大量数据,从而对群体——分类的对象,做更加精准的分类定位。

---

① 杨宜音.自己人:一项有关中国人关系分类的个案研究[J].本土心理学研究(台北),2011(13):131-157.

CNNIC 2009 年 1 月调查中的网民分群就采用了这一方法。具体做法是，调查网民的 18 种网络应用行为，采用其中的 11 种作为分群变量。分群的标准为，如果某一群体在某一类网络应用上的表现强度大于总体平均水平，就表明该群体在这一应用上具有较为明显的特征。然后，根据某一群体所有强度大于平均水平的应用项目的特征，为该群体命名。将网民分为 7 大群后，再根据各群的网络使用时间和使用数量，将各群体细分为重度、中度、轻度用户。这两步分群，都是通过归纳完成的。

因此，质性研究可以采用演绎法，而量化研究也可以采用归纳法。

六、我们的反思：质性与量化是殊途同归

我们从量化到质性的四个转变让我们更清楚地理解，研究根本不是量化与质性的争辩的问题。其实，量化研究与质性研究皆有其本体论、知识论与方法论。它们两者之间虽然存在差异，却并不互相排斥和矛盾。事实上，量化研究回答的是"有多少"的问题，质性研究回答的是"是什么"的问题，量化方法与质性方法在研究中具有不同的贡献。有些研究问题既可以采用量化方法，也可以采用质性方法，采用不同方法可以从不同角度对问题进行观察和解释。如果一项研究同时结合使用了量化和质性方法，那么它就兼容了量化与质性方法的优势，将会大大丰富对该研究主题的认识。换言之，两种研究方法虽然均有其知识、假设与方法为基础，但量化方法抑或质性方法，都不是固定地必须和研究某些问题相联系。无论哪一种方法，都应该为了解决目标问题而使用。因此，不管我们运用哪一种方法来探究真相，我们都应该时时提醒自己："这些量化与质性的假设，有没有被好好思考、好好反思其适用性与局限性？"

最后，我们是要理解真相、开悟、开智慧，有点像"格物致知，得鱼忘筌"。我们研究的目的是要理解真相，而不是执着于方法的争辩。当我们能深切理解这样的本质，不管是做研究或是过生活，可以用更为开放的视野与胸襟看待这个世界，过更"觉知"的生活，而不是局限在框架之下。

§4 质性研究的"131 法则"

什么是"131 法则"？在我们开始指导一些研究生后发现，初学者在研究过

程中，时常不知所措，必须面临许多的挑战。例如，如何订题目？如何开始发展一篇论文？该看哪些有益的文献？如何快速找寻需要的文献？又如何进行理论与数据的对话？这些都是初学者的难题。后来，在一次与学生分享经验时，我们请他们针对研究订出"1"个有趣的标题，并找出该篇研究的"3"个关键词，以及"1"篇进行对话的文献，在那次互动中，使我们萌生了"131法则"的想法。因此，我们将引导初学者的方法简化为"131法则"（见图1-4）。

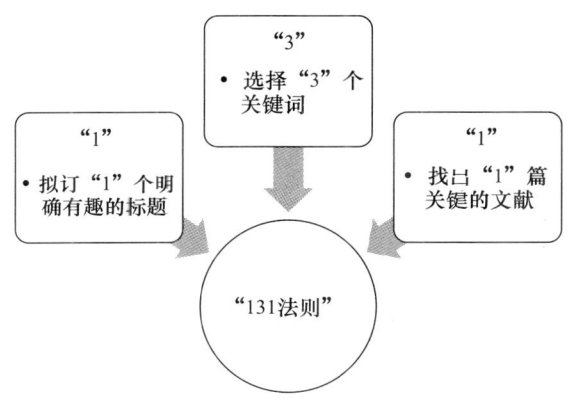

图1-4 "131法则"

在我们刚开始踏入博士生涯的前期，长时间在庞大的数据库中搜寻文献，每输入一个关键词，便出现数千条目资料，而我们常无法掌握研究的重点，总是下载一堆与研究无关的文章。因为文章多是英文，在每篇文章都必须逐字阅读的前提之下，会相当辛苦。我们长期陷入阅读文献泥沼中，无法从每份资料中整理出一条研究脉络，让我们的挫折感倍增，逐渐失去了信心，反而形成一种"心理障碍"。长期在数据库中搜寻文献，好处是我们明白如何快速寻找文献数据，大大增进运用数据库的能力，坏处是我们耗费了许多时间，迷失在大量文献中。正因为过去的错误，让我们体会到"131法则"的妙处，以下进一步说明"131法则"。

一、拟订"1"个明确有趣的标题

俗话说"题好一半文"，题目犹如文章的眼睛，它可以洞悉文章的灵魂。一个明确又有趣的标题，不仅呈现文章的深度，更决定文章的价值。每一篇文章有一个标题,而一个标题就是文章的研究问题,研究问题当中深藏着研究发现,继而阐述个人的论点,最后下定结论。研究问题、研究发现、研究论点三者其实是环环相扣的,所以首要目标是找出一个有趣的研究问题,才能继续发展研究论点。

初学者如何找出一个有趣的标题呢?其实初学者可参考他人的标题,因为在数千条索引中,不难发现具有创意、有趣的标题。如果已有研究对象,也可针对一个研究问题,找寻相关的标题,学习他人如何订定该类研究的标题。

二、选择"3"个关键词

标题订完,确立了研究问题的大方向,接下来必须找出三个关键词,以缩小研究范围。过去我们在找参考文献的时候,因为是研究"市场导向",身为初学者的我们输入"市场导向"来搜寻数据库,却出现上万篇的文献,而我们只能从标题来判断是否有趣,便盲目地下载大堆文章来阅读,结果压得自己喘不过气,挫败的情绪浇熄对研究的热情。

后来我们发觉找出三个关键词可以缩小研究的范围并节省搜寻的时间,同时令研究问题有更清楚明确的定位。但是,如何找出三个关键词呢?其实关键词从标题来看,初学者应寻找与他人相同或类似的标题,学习如何决定关键词,然后选择与自己研究相关的关键词来使用。关键字的确立,能奠定研究的重心,使研究者确切知悉该专注在哪个范围。

三、找出"1"篇关键的文献

订立标题与选择关键词后,接着进入数据库中,寻找一篇关键的文献,并与它进行对话。主要对话的文献是指自己的研究跟它相似,却能针对它补足缺漏或新增观念,使自己的研究价值超越这篇主要对话的文献。

如何找到一篇进行对话的关键文献呢?首先我们要知道应该查什么样的文献,关键的文献有几个方向:①本领域最具有代表性的顶级期刊,并找出当中与自己研究相同的文献,然后与它进行对话,成为主要的参考依据。依我们的研究领域而言,Journal of Marketing Research(JMR)、Journal of Marketing(JM)、Journal of Consumer Research(JCR)、Marketing Science(MS)即是市场营销领域的顶级期刊。②找寻年份最近的文献,以今年是2016年为例,便从2014年开始往后去寻找。另外,早期的文献也能使用,但它必须具备代表性,是该领域中的经典之作，才能作为关键的文献。③本领域领军人物的文献。每个领域内都有几个领军人物，他们所从事的方向往往代表着目前的发展主流。因此，阅读他们的文献就可以有范围地把握目前的研究重点。那么，如何知道谁是领军人物呢？这里提供两个小方法：一是在引文索引数据库里检索本领域的文献，利用自定义功能找出论文数量较多的作者；二是查找本领域内最有影响力的学术会议，登录会议官方网站，查找会议邀请的报告人的名字，该会议被邀请的报告人一般为该领域的领军人物。④高引用次数的文章。一般来说高引用次数的文章都是比较经典的文章。通读高引用次数的文章，将能够快速领略精华。

知道了查什么样的文献后，那么具体怎么去查文献呢？我们在这里总结四个技巧（见图1-5）。①通过关键词、主题词检索：关键词、主题词一定要准确、切题。只有精准地输入，才能有准确、符合要求的内容。只要有一个字发生变化，搜索结果就大不相同。②检索某个学者，特别是该领域的领军人物，可以参考该学者的H指数①。浏览其近期发表的或者影响力较大的经典文章，将会快速抓住重点。③通过参考文献综述研究。查找与自己课题相关的文献综述，根据相应的参考文献找到那些原始的研究论文。④考虑文章的参考价值。如刊物的影响因子、文章的被引次数等。SSCI每年都会出各个刊物的影响因子报告，及期刊引证报告。影响因子不能跨领域比较，每个领域的状况不一样。理论上，该领域

图1-5 查找文献的四个技巧

---

① H指数（High Index）是2005年由美国加利福尼亚大学圣地亚哥分校的物理学家乔治·赫希（Jorge Hirsch）提出的，指一个人在"被刊登的篇数"及"被引用次数"两个数字中会合的最高可能值，用来评估学者的影响力。

期刊越多，其影响因子越高，因为有越多人会互相引用。这些指标能反映文章的参考价值，但也要注意引证文献对该文献的评价。

我们通常是从距今时间最近的文献找起，找到一篇关键的文献资料后，再从它附注的文献资料往前追溯，找出之前的参考文献，便能迅速形成一条研究脉络（Research Stream），以明白自己的研究定位。现在的数据库都含有引文网络图示，包含该篇文献的参考文献、二级参考文献、共引文献、节点文献、同被引文献、引证文献以及二级引证文献，整个引文脉络非常清晰。在选定一篇文章之后，除能查知先前的参考文献外，还能显示该篇文献往后又被谁所引用。对于研究者而言，在追寻关键的文献过程中，可以引发研究者的新想法，形成一条脉络，聚焦研究重心，而不会迷失在广大的研究范畴中。

善用"131法则"，研究工作就能够比较聚焦，只要定"1"个有趣的研究问题，从中找出"3"个明确的关键词来缩小研究范围，此举将协助研究者找到"1"篇关键的文献资料，并借此发展整个研究的主轴。回想过去的经验，当初若能体会并运用"131法则"，相信能节省不少时间。

§5 质性研究的实践历程

质性研究一般的研究过程如下：厘清问题、定义概念、追求事实、追问原因、得出结论、对于本研究如何评价以及如何表述研究结果。这些思考过程外化为行动后，就表现为质的研究的实施过程。其过程主要包括课题设计、进入现场并维持关系、收集资料、分析与整理资料、形成研究结果、评价研究结果和撰写研究报告等基本步骤（见图1-6）。

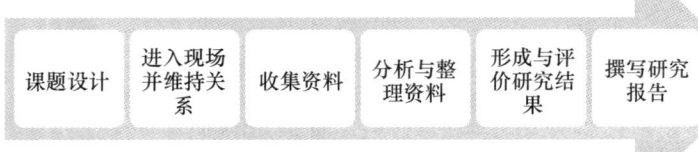

图1-6 质性研究的实践历程

一、课题设计

该过程主要包括确定问题、了解研究的背景与现状、确定研究内容与研究方法、思考研究价值、确立研究工作的预期方法与步骤等,其中确定问题是关键。确定问题时首先要选择问题,选择问题是从选择研究现象开始的,所谓研究现象是指研究者希望集中了解的人、事件、行为、过程、意义的总和,研究者在研究中将要涉及的领域范围。例如,在市场营销研究中,在选择问题时我们通常要有如下思考:我们要研究市场营销中的哪个领域?我们要研究这个领域中的哪个问题?当问题选择好以后,还要确定问题。也就是进一步思考我们为什么要研究这个问题,我们要研究的这个问题有没有意义等。一般来说,所确定的问题是不是有意义,可以从社会需要和个人需要这两个维度去评价。例如,在制度距离的研究中,当我们初步选择好研究的问题后,我们可以继续思考这个问题是不是跨国公司发展最迫切需要解决的问题,我们对这个问题的研究是不是有强烈的研究欲望与热情。

二、进入现场

在质的研究中,研究者必须使自己置身于自然的研究情景当中,进入研究对象的日常生活世界,接近研究对象,使研究者与研究对象处于同等的位置。因此,研究者进入研究现场体验生活并与被研究对象发生作用是研究过程中的关键。

三、收集资料

质的研究中收集资料的方法主要有观察、访谈和个人文献的收集三种。运用观察法收集资料时往往比较直接,可以重复,可以对同一现象进行多次的观察,因而运用时较为方便。访谈往往是无结构性的访谈,也就是一般不使用访问表格和规定好的访问程序,对访问对象的反应不做限定。访问虽然是按一定目的进行,但访问的内容、顺序等有一定的灵活性与机动性。个人文献的收集主要包括个人的书信、自传、讲稿、日记等个人的活动产品和个人的图片等,通过对这些文献资料的分析与比较,能进一步了解当事人的内心思想和活动过程。

四、分析与整理资料

收集到原始的材料后,要对材料进行分析和整理。分析和整理时既可以采用相应的计算机软件,也可以用传统的方法。整理材料的过程主要有审核、分类和归档。审核时要注意材料的真实性,分类时可以按研究对象、事件、过程、情景等维度进行分类,归档时按类别进行编码。分析材料时不但要注意材料的差异性,更要关注内在的关联性。

五、研究结果的形成与评价

在分析研究材料的基础上形成研究结果是研究中的关键,质的研究更强调结果表述的原始性与深入性,真实地反映出研究的全过程和结论,形成最原始的研究理论。评价质的研究结果,主要是从真实性、可靠性和解释性等方面进行。

六、撰写研究报告

质的研究报告一般有以下内容要点:前言、研究的背景与现状、研究过程与方法的描述、结论与解释结束语。

第二章　什么人适合做质性研究

§1　质性研究者之"定向"

一、质性研究的本质

1. 质性研究的本质之一：使用时间的方式

我们认为，质性研究的本质之一是学习时间的使用方式，即时间管理。我们反省后发现，花在担心上的时间，总是比实际"做研究"的时间还多。我们总是担心不知道如何分析数据，却不愿意实际去做做看。事实上，只要尝试去分析数据，我们就会有新的体悟。但是我们始终比较喜欢花时间在担心与等待，却不愿静下心来一步一步地做。因此，质性研究背后的关键之一是时间管理。

2. 质性研究的本质之二：掌控自己的情绪

我们认为，质性研究的本质之二是学习如何掌控自己的情绪。质性研究的过程就像学习一项技能，过程中有可能受挫、感到沮丧。例如：看一篇理论文献，看不懂就灰心了；被指导老师退稿重做，情绪就会陷入低潮，无法提笔；总是没什么心情写；静不下来、没有灵感；等等。总之，情绪一直是被我们拿来逃避的"好借口"。

我们应该学会时时关照自己的情绪，以免情绪一来，不仅思绪停滞，时间也悄悄流逝！或许正因为质性研究没有一定的标准作业程序，导致我们难以掌控自己的情绪。因此，在质性的修行中，学会正向解读，视挑战为学习的契机，这些恶魔是来让你学习与成长的。

3. 质性研究的本质之三：维系互动关系

我们认为，质性研究的本质之三是学习如何维系师生、家庭与朋友的关系，即关系管理。狭义的关系指我们与导师的关系；广义的关系还包括家庭、同事与朋友的关系。首先，质性研究的修炼之一，便是与指导老师维系良好的互动关系。其次，我们还维系家庭关系、同事与朋友的关系。当你的这些关系处理得不好，就会彼此影响。师生关系影响家庭关系，家庭关系影响师生关系……那么你也就无法专心修炼质性研究的基本功了。

我们的深刻反省：质性研究就是找回自己的研究。首先，质性研究就是人生的修炼，当你经过时间、情绪与关系的磨炼后，就会不断地学习与成长，逐渐成熟。事实上，我们通过学习质性研究，学会时间的使用方式，开创自己的人生。其次，质性研究让我们学会正面思考，看穿社会现象的本质，学会从本质下手，便不会心浮气躁。最后，质性研究让我们学会与导师相处、与老婆小孩相处，一旦通过考验，出了社会，也就学会如何与老板相处了。因此，质性研究不就是找回自己灵性的研究吗？

4. 我们要如何勇敢地面对自己呢？

从事质性研究时，要勇敢地面对自己。根据我们过去的经验，若你能减少担忧的时间、维持正向情绪与指导老师经常地互动，那么应该可以缩短质性研究的学习曲线。以下，是我们走出低潮过程中，体会出的一些鼓舞自己的心得体会：

第一心得：担心90分钟，实际去做10分钟。反正，去做就对了。换言之，行动力不仅可以节省时间，也可以恢复正面情绪。行动（工作与运动）会使脑部分泌多巴胺而感到快乐、工作更带劲，时间、情绪的问题也就一并解决了。

第二心得：论文或老师，就像狮子老虎般的凶猛野兽。当你面对它，狮子就跑走了；当你逃避它，狮子就跑来追你！你的问题、你的指导老师，其实并不可怕，他们是来帮你成长学习的，千万别把他们当作狮子。例如，我们认识的一位朋友，博士念了近6年，总是逃避写论文，当逼不得已时，专心写，却只花了6个月便完成了他的博士论文！

第三心得：面对它、接受它、处理它、放下它。每当心浮气躁时，这句话总会令人平静下来。我们也体会到"每天都会有不同的问题发生，这就是无常"。当我们理解"无常"后，对于许多琐事便能泰然处之，以智慧的方式应对。

总之，我们经过质性研究的修炼后会发现，往后的人生所遭遇的问题也不就是如此吗？迎向它，你就能完成它！

二、质性研究者必备的三素养

质性研究者的态度，通常决定了作品的深度。我们应当向小孩子学习两件事：赤子之心与好奇心。什么是赤子之心、好奇心呢？简单地说，"赤子之心"就是小孩儿想要拥有玩具的欲望，且具有强烈的企图心，想要一个接着一个的玩具，他们永远不会嫌多。"好奇心"就是小孩儿总是想要探索未知的世界，总是不断问为什么。我们想，一位研究者应具备的"研究素养"，不就是"赤子之心"与"好奇心"吗？因此，我们认为写论文应先拾回这两种研究心态。我们也经常反问自己，我们对"制度距离""价值共创"也具有赤子之心与好奇心吗？其实，我们并没有把它当作我们最心爱的"玩具"，也没有每天一直追问："什么是制度距离？它包含哪些维度？为何制度距离对于企业的发展规划很重要？要怎样才能避免制度距离所带来的阻碍？"这也是论文一直无法深化的根本原因。

再回到研究素养上，许多学生对于写论文的心态根本不正确。因此，提醒自己与学生，在写好论文之前，应该先修炼"赤子之心"与"好奇心"。我们的导师也曾告诫我们："要视研究为一件快乐的事，才能做好研究！"倘若，研究素养无形的态度是"赤子之心与好奇心"，那么，有形的行为又会是什么呢？绝对不只是坐在书桌前一直写而已。我们认为，研究素养的具体表现就在于持续地能想、能写与能讲。

1. 第一个素养：能想论文，即会构思研究主轴

我们一直认为，论文写作被很多学生误以为是写出来的，甚至是抄来的、东拼西凑组装而成的。这些都是对于"写论文"的一种偏见。事实上，论文是想出来的，也就是"构思"（Framing）出来的。一篇动人的作品，很多细节是靠创意构思而来的。如有趣的论文题目、发人深省的研究问题、深入浅出的推导过程等。这些不只是写出来的，而是在想和写的过程中，逐渐发展出来的。

因此，必须得构思论文的主轴，每一章节要如何铺陈、先后顺序该如何安排等。个人认为心智图、关键词是一种很好的构思方法。利用心智图构思，再利用关键词发展论述。

2. 第二个素养：能写文章，也就是创意写作

众所周知，要顺利完成论文，就要不断地写、写、写。即使大师级的人物，一篇论文都要修改50遍以上。写就是创作，能写就不怕无法生存。大学教授的基本条件就是写研究计划、写论文、写教材。有些企业用人的条件就是要能写作，因为写作可以看出一个人的逻辑思考能力。再者，到公司上班时，通常上司会让你先拟一份企划书，这还是写作。因此，写得好可以像作家一样，靠创作致富；写得不好，能写还可以有份讨生活的工作；不写，就丧失了

竞争力。

3. 第三个素养：能"讲"故事，也就是即席展演

我们认为，世间分为两种人，不是好人或坏人，而是会讲的人与不会讲的人。会讲的人，他可以把 3 分事讲成 10 分事，吸引一群粉丝；而不会讲的人却常把有 10 分的事，只讲成 3 分，无法体现自己的实力，这是相当可惜的结果。当然，我们不是鼓吹大家吹嘘夸耀自己，而是能有逻辑、忠实地展示自己的研究成果。

有许多人很用心地从事研究，也能写出好作品，可是因为缺乏展演的训练，所以无法讲出研究成果。尤其是一些很努力的学生，花两年时间专心研究，却在口试阶段出状况。因此，养成"逢人就讲"的好习惯，才能在研讨会或论文口试时，展示自己的研究成果。对于我们来说，上课就是演练的好机会。那么，该如何讲述一个精彩的故事呢？J. D. Schramm 认为关键在于以下 7 个方面①（见图 2-1）。

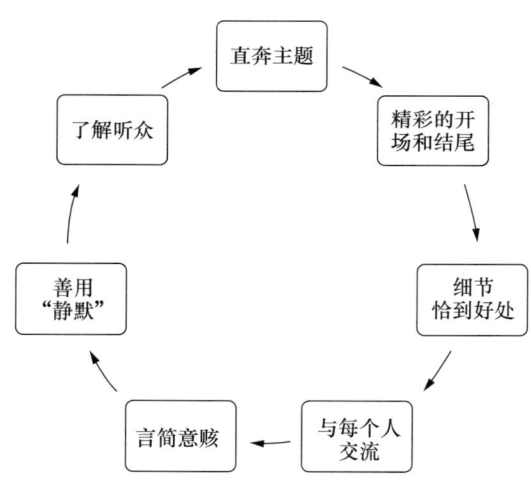

图 2-1 讲述精彩的故事的要点

第一，直奔主题。一个会讲故事的人，总会立即把我们引入故事情节中，快速抓住听众的注意力，并为独特的观众体验设定基调。先吸引观众的注意力，然

---

① J. D. Schramm. 如何做一场嗨翻全场的演讲［DB/OL］. http：//mp. weixin. qq. com/s/07Nl9MPRlDtul9H3IjvDMA，2016-05-27.

后再提出自己学到的经验和教训。第二，精选开场词和结束语。我们永远没有第二次机会给别人留下好的第一印象，而强有力的开场白和结束语，可以给观众留下深刻印象。第三，描述细节需要恰到好处。如果对细节做过多的描述，演讲就会变得乏味、无聊，听众也会失去耐心。但如果细节不足，听众也会不知来龙去脉。第四，尝试与每一个人进行交流。当对多人说话时，眼神每次需要4~7秒才能集中到一个人身上。如果可能的话，讲故事时，尝试与每一位听众交流。把他们当成你故事里的主角。第五，言简意赅。语言的表达最好简练而意思完整，这需要准备故事的人精心选用词语、精致安排顺序，让简短的话语承载比一般词汇更丰富的内涵意义。第六，善用"静默"，突出重点。就像乐曲中的休止符，它通过一种抽象的表达，蕴含着无尽的意蕴，静中有动，静动分明。演讲时的"静默"也具有十分强大的作用，有意的静默，能够强调之前说过的内容，也可以引出即将要讲的重点，还有助于听众自行产生见解。第七，了解听众。你的听众是谁？你演讲的目的是什么？你要讲什么内容？只有在了解听众的前提下才能更加明确故事的适用性。

如果你能掌握以上7个策略，就可以讲出更生动、更有意义的故事。并通过精彩的故事，来展现自己的研究作品，引起更多听众的兴趣，留下深刻的印象。

4. 我们的反思："身心灵"的研究素养

研究素养是"由内而外，再由外而内"纠缠在一起的。修炼内在对于研究议题、文献、实地等抱持着"赤子之心"与"好奇心"，这也是一位研究者的基本素养。另外，在实地、在研究室、在高铁上、在星巴克、在度假，不管在任何时空背景中，都可以修炼"想（构思）、写（创作）、讲（展示）"这三项质性研究的基本功。当你培养出这些研究素养之后，作品就有一定的独特性与原创性。不过，这也是我们一直追求却还跟不上脚步的痛处。

总之，若将质性研究的素养以"身心灵"来比喻的话。首先，"研究之灵"是指研究者对于现象的"赤子之心与好奇心"。其次，"研究之心"是研究者对研究抱持的心态，研究者时时刻刻都要"能想（构思）、能写（创作）、能讲（展演）"。最后，"研究之身"就是指研究作品的形态："研究问题、理论观点、研究方法、研究发现、讨论与结论。"而"修行"，就是每天不断调整、修正自己的质性研究的行为（身心灵）。

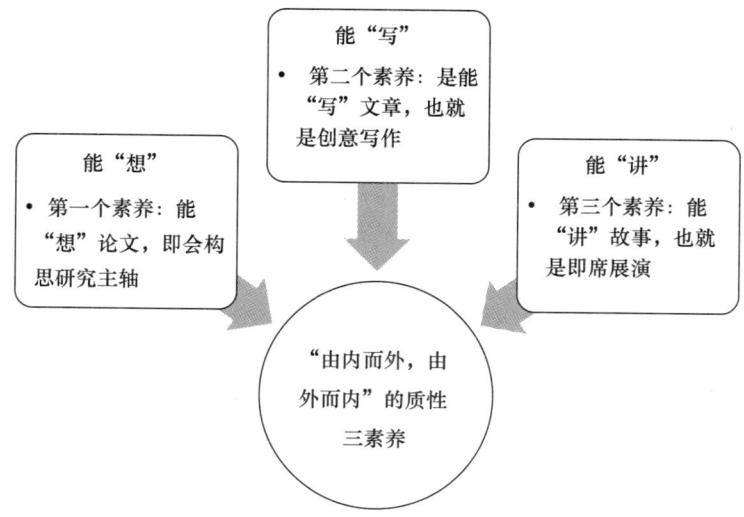

图 2-2 质性研究者必备三素养

§2 质性研究者之"定芯"

一、质性研究者的三技能

"实践社群"是一种管理知识的有效机制,我们透过学习社群反思出了质性研究者所需具备的三技能:敏锐的思维能力、精准的写作能力、深度的解读能力(见图 2-3)。

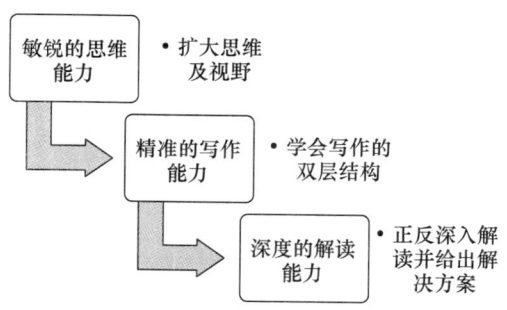

图 2-3 质性研究者必备三技能

什么是学习？简单来说是一种认知、态度的调整，以改变其行为，即所谓的"修行"——每天不断调整与修正自己的行为。至于学习方式，从个人的理解来看，我们将学习分为三种方式：找物（悟）件学习、教与学和实践社群。

第一，找物（悟）件学习。先找到某个物件，理解那个物件的意义，让自己得到觉悟或进步，也就是"格物致知"。借物件的解读觉悟，最后又不受该物件所制约。

第二，教与学。教与学也是一种学习的方式，但重点在于教学的互动，如果学生都只听老师一个人在讲，那么这样的学习是受限的，因此，我们比较喜欢案例教学的方式，结合一定理论，通过各种信息、知识、经验、观点的碰撞来达到启示理论和启迪思维的目的，让学生在课堂上踊跃分享他们个人的心得想法。老师和学生们于互动中彼此学习。质性研究和个案研究也一直强调案例教学这种学习方式。

第三，实践社群，即学习社群的运作方式。这是一种集体学习的方式，将工作实践与学习融合，并发挥其综合效应。社群的每个成员都有一定能量。每个人都有希望在社群内有归属感，能展现自我价值，能吸引有价值的人进行交往，能实现自我价值。我们对质性研究的三个技能——敏锐的思维能力、精准的写作能力、深度的解读能力的认识也是通过社群的学习得到的启发。

1. 敏锐的思维能力

质性研究者需要具备的第一项技能是"敏锐的思维能力"。电影《教父》里面有这样一句话："花半秒钟就看透事物本质的人，和花一辈子都看不清事物本质的人，注定是截然不同的命运。"一眼就洞穿事物本质的人，能够抢得先机。在别人还在苦苦思索，不得其解的时候，他们已经在分析和解决问题了。身为一个质性研究者，对于"现象"应该要具有敏锐的观察能力和思考力，即要有洞察（Insight）的能力。我们对这个词的理解是：事物的原因是什么？这个原因的原因又是什么？如此反复深究最根本、最深层的原因。洞察事物的时候不能只依靠逻辑推理，更需要发挥想象力。使自己的思维发散开来，去思索：事物的现状是怎样的？为什么会这样，造成这样的原因有哪些？有哪些原因是客观因素，哪些是主观因素？如果改变其中一个因素，事物会怎样发展？如果改变其中两个因素，又会怎样发展？而这些问题不就是质性研究的内涵吗？

另外，在日常思考的过程中，我们要构建自己的资料库，当看到好的文章、好的图片以及好的视频，特别是洞察到新的事物时，及时记录，保存到自己的资料库,往大脑里源源不断地输入新鲜的血液,并且将其深度发展,以后思考问题时,才能利用洞察力产生源源不断的灵感。

2. 精准的写作能力

质性研究者需要具备的第二项技能是"精准的写作能力"。质性研究的写作要符合清楚和精准的要件。什么叫清楚和精准呢?我们认为要符合以下两个要点:有梗和有脉络。

第一,有梗。此所谓的"梗",即支架。萧瑞麟教授要求团队成员在写作时需具备双层结构,即一篇文章内要有三大主题,每一个大主题下又都需要三个小子题,这就是他对写作要求的双层结构。有了这双层结构,便具备了写作的"梗"。一篇文章在这样的结构下,这些内容串联起来便有了一定的关联,梗也就具有了一定的雏形。

第二,有脉络。一篇文章通常还需要有一些案例与说明,才能更贴近读者,否则只有主题与子题,读者没有办法清楚了解作者想要传达什么样的信息。所以,作者必须透过案例清楚的脉络,将主题和子题讲清楚,同时描述它们之间的关联性,厘清整个事件发展的脉络关系。如此,读者才能被说服。

因此,写作要清楚、精准,就必须有梗、有脉络。

3. 深度的解读能力

质性研究者需要具备的第三项技能是"深度的解读能力"。作为一名质性研究者,就必须培养出能解读隐藏在事物背后的"智慧",即我们想要发展的"物理学"或"格物致知"技能。大多数的人们与企业、甚至是政府,常常无法深入根本,导致"头痛医头、脚痛医脚"的错误决策,其关键就是缺乏"深度的解读能力",只能在表象进行因果的推论。所以,无法形成全面性、整体系统观的解决方案。当面对复杂的问题时,需要我们具有深度的解读能力,以整体系统观重新设计才行。任何的事物、政策一定都有正反两面,若我们一直停留在"正面"与"反面"的争辩,而无法进一步"合"出解决方案,那将会是我们共同的灾难。因此,要"合",就得具备深度的解读能力,读出"正反"的深层意义,才能浮现出"整体系统观"的解决方案。

"深度的解读能力"需要相应的思考能力。许多人对于思考并不熟练,遇到问题的时候,通常是闷头苦想,但脑子里一直是一坨糨糊,怎么也理不出个头绪来,更不用说在极短的时间内找到问题的本质,想到解决的办法了。但很多事情的现象背后是一层又一层复杂的因果关联,它需要被抽丝剥茧才能彻底厘清其缠绕关系。读者必须透过解读技能将"细部内容"解析清楚，而不是简单、线性地以三两句话就妄下定论。

对于如何提高思考能力的问题，我们向大家介绍一个简单的方法——A4 笔记法，极具实践性。每一天，准备好一些 A4 纸，在第一张上把自己脑子里的某个想法写下来，作为标题，然后用一分钟时间围绕着这个标题写 4~6 行关于这个标题的想法，然后开始写第二张纸。看起来，这似乎与我们所熟知的头脑风暴或是做思维导图没什么区别，但这个方法比较特别之处在于，它并不是一种解决问题的手段，而是一种训练思考能力的方法。假如能坚持每天都这样写几张纸的话，长期累积下来，至少能达到如图 2-4 所示的五个效果。

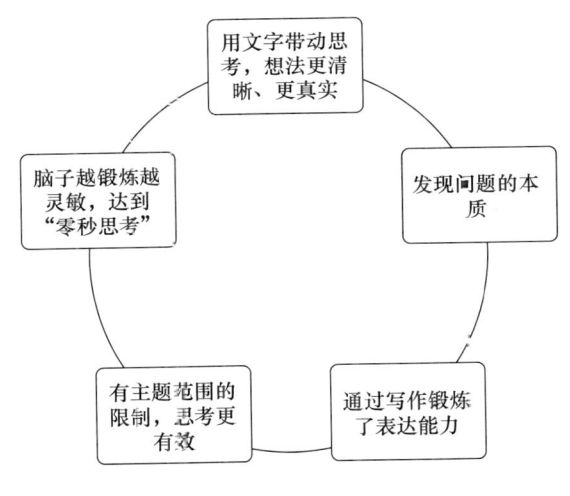

图 2-4 A4 笔记法的效果

另外，需要注意的是，多花时间并不意味着深入思考，效率才是最重要的，要减少无用的思考。

4. 我们的反思：扩大视野、双层结构、正向解读

学习是一件快乐的事情，我们透过实践社群打破时空的限制，进行集体务实的学习，我们认为这是一个有效、值得推广的学习方式。这正和我们的学术关键词"MILK"相吻合：M——Method（方法），I——Innovation（创新），L——Learning（学习），K——Knowing（知晓）。用对方法学习知识，便是一种创新。质性研究的三大技能让我们受益匪浅：第一，敏锐的思维能力让我们反省如何扩大我们的思维及视野，不应当安逸地停留在武汉，要逼自己走出舒适域。第二，

精准的写作能力,我们学会写作的双层结构,了解写作要有梗、有脉络,通过清楚的事件脉络,令自己与读者了解现象。第三,深度的解读能力使我们懂得应该保持"正向解读、逆向思考"的心态,正反深入解读并合出解决方案。

另外,我们体会到了社群学习是一个从自然互动中反思的学习方式。这样的学习方式就像在坐高铁,能平稳快速地抵达目的地,又不与工作实践脱节。因此,我们应该多鼓励学术社群与社会成员,多进行一些社群的集体学习活动,以提升我们听、说、读、写、想的技能。

二、质性研究的"五力"分析

质性研究者的竞争优势是通过"五力"展现作品的独特性。

提到"五力"分析,大家一定会想起迈克尔·波特的竞争优势理论。对于质性研究而言,"五力"分析该是什么呢?本小节以此命名,源于近期市面上的许多书籍都提及了质性研究的能力问题,其中不乏对于先见力、构思力、议论力等几种专业能力的讨论。这里我们考虑质性研究的本质,基于论文的构架,总结出了五种质性研究者所需具备的专业能力:敏锐力、质问力、田野力、思辨力和创作力。我们意外地发现,围绕"研究素养"这一核心概念,以上五种能力能够有针对性地对应研究过程的每一步,包括提出问题、确立论点、收集数据、分析数据、撰写论文。

在总结归纳的过程中,我们体会到了物件所具有的能量。以心智图为例,它是一种思考的对象(Object),但它不仅具有物理性质,还具有能动性(Enact)。不完整的心智图唤醒人们去思考问题、理论等。这些技术性知识的背后是什么?举例而言,收集资料让人想起田野力,分析资料则使人想起思辨力。以上提及的质性研究之"五力"分析便是如此得来的。

1. 第一力:敏锐力

质性研究者必须培养的第一种能力是敏锐力。敏锐力服务于提出有趣的研究问题。研究之始,提出一个有深度的问题尤为重要。我们应该对周围的现象保持赤子之心和好奇心。例如,对于组织行为(Organizing)中出现的一些有趣现象,研究者应该感到有兴趣并关心其独特之处。这种随时对周遭现象和事物保持觉知状态的习惯,就是敏锐力。

为何敏锐力如此重要?质性研究者须对周遭现象有敏锐的观察力,才能发现并提出深刻的问题。例如,为什么国内企业大多市场部和营销部不分?市场部与营销部各自存在的必要性是什么？重营销而轻市场对国内企业有什么不良影响？我们必须具备对这种现象的敏锐力，才能从"实践问题"转换成"研究问题"，并能认识到问题背后的所有细节。

2. 第二力：质问力

质性研究者必须具备的第二种能力是质问力。质问力服务于如何阅读文献，从而确立我们的研究论点。对于质性研究而言，只有实践经验是不够的，还需要培养自己对"好"的研究的品位和鉴赏力。首先，从事研究的人必须对既有的理论提出质疑。例如，当我们在阅读一篇文章时，宣称国内企业应该明确区分营销部和市场部从而确保盈利。可是，我们可能进一步提问："对于一些中小型企业，结合两个部门可能明显降低行政成本。"正是这种质问力，可以让我们找到既有研究理论的缺口，并为自己的研究定位。

质问力的重要性源于研究的本质。简单来说，有贡献的研究必须站在巨人的肩膀上，我们必须理出一条研究脉络（Research Stream），并为这条脉络加上自己的创意。因此，阅读文献时，我们必须先理解大师的论点，之后，以大师们的作品为标靶，挑战既有的权威。这种勇气来自于研究者的质问力。没有质问力，其作品也只是重复大师的论述，而无法超越大师，甚至不能真正称之为研究。这让我们想起书中的一句话：若您研究（阅读）莎士比亚，您无法成为莎士比亚；唯有您拥有莎士比亚的思维，您才能成为莎士比亚！

3. 第三力：田野力

质性研究者所需要的第三种能力是田野力。田野力服务于研究方法。质性研究者要泡田野，于田野中与受访者互动，以访谈的方式收集数据。换句话说，一个质性研究者必须生活在自己所经营的研究场域中。这种沉浸于研究现场的能力为田野力。由于质性研究需要研究者投入自己的全身心，去倾听、去理解、去积极地建构知识，甚至研究者需要学习去掉（Un – lean）自己一些固有的习性，进入所必需的心态和体态。例如，在质性访谈中，研究者需要学会用心去倾听，在情感上积极地回应，在理智上深入地追问，才有可能形成对问题新的认识，进而建构新的知识。质性研究者长期经营一个田野，一般需要花7~10年时间进行观察，以正式和非正式的方式关心一个场域或一种产业。因此田野力包括如何开拓一个研究场域，如何与受访者维系长期的互动关系，以及研究成果如何能够对实践界做出贡献。

田野力的重要性体现在以下三点：第一，民族志的研究方法要求研究者必须泡田野。虽说若有长期的耳濡目染，是能够对一个领域有深入了解的，但时间有限，研究者必须具有经营一个田野的能力。第二，田野力体现在研究者能够获取资料的深度，这也影响着研究者是否能够真实地创作和展示作品，呈现了研究者对于一个领域的熟悉程度。第三，透过田野力，才能铺陈出精彩的故事，而故事可以磨出理论的锐度，即田野力决定了一个研究理论的深刻程度。这对于做研究铺陈出新的本质来讲，又进了一步。新的想法（Idea）或许大部分研究者都会有，但这些想法是否能锐利到划出一个新的研究方向甚至一个时代，很大程度上需要有田野力的研究者去慢慢打磨。

4. 第四力：思辨力

质性研究者必须拥有的第四种能力是思辨力。思辨力就是思维与构想的能力，也是铺陈（Framing）能力的体现。思辨力服务于资料分析与研究发现，它是创新的根源。要有前所未见的研究发现，就必须通过原始的资料，去整理、分析和归纳出有用的信息，这一切都基于质性研究者的思辨力。思辨力是不断透过理论视角与数据对话、再对话、重复搜寻（Re–search）与对话的过程。这种深化见解的方式依赖于也强化着研究者的思辨力。具体的方法当然因人而异，有人用"正、反、合"的方法修炼思辨力，也有人用持续的归纳与演绎、再归纳与再演绎的方式进行。总而言之，思辨力可以说是创意构思论文的能力。

为何思辨力如此重要呢？从事研究就必须发展出前所未见的功力，研究结果需要填补前人没有填补的缺口，从而完善一个领域的科学理论。同田野力一样，思辨力也能呈现作品的质量与深度。我们将研究者的思辨力分为三个等级，由低至高分别是下品、中品与上品。

首先是下品，最低质量的作品是"没有灵魂的作品，即没有主见，也没有成见"。在这样的作品里，我们根本看不到研究者的思辨力，甚至研究者只是完完全全复制了他人的思想。这种方式完成的作品根本不用思辨力，不用具备任何创意，当然也无法对一个领域做出实际贡献，可以说它并不是研究。

其次是中品，这是一种"有成见，却没有主见"的作品。这种作品里，研究者的看法是有所体现的。或许其论述过程相当有趣，但却没有已被证实的理论（"巨人的肩膀"）或实际资料来支持，不免让人觉得宽泛而难以信服。即使研究者提出的一些建议是非常具有建设性的，也会因为没有足够的根据而被人忽略。简而言之，这样的文章可能让人觉得是"凌空"构架的，观点或许新颖，价值有待考证。

最后是上品，研究作品呈现"有主见，却没有成见"的境界。其研究者懂得如何借助"巨人的肩膀"去创造更高的科学巅峰。他们能够利用既有理论和资料事实，不断与大师对话，不断打磨自己的研究理论，从而找到突破点来完善该科学领域。在这个过程中，思辨力帮助研究者找到了定位、穿透和深化了既有理论。

以上这三种作品的等级差异，关键就在于研究者的思辨力。

5. 第五力：创作力

质性研究者所需要具备的第五种能力是创作力。创作力，顾名思义，是"创意写作"的能力，它服务于撰写论文的过程。一个研究者，在具备了敏锐力、质问力、田野力与思辨力之后，就该将这些能力通过创作力适当地展示出来，成就有深度的作品。成果的公开与分享，是完成一个研究课题的最后也是很关键的一步。这一步要求研究者具有较强的写作能力，即创作力。

如前文提及的，研究的本质在于基于既有的理论，提出新的改进或理论以不断完善一个科学领域。科学是为了服务社会的，对于社会进步有所贡献才是科学存在的意义。研究者在独善其身的同时，需要回报社会，他们有义务将自己的研究成果分享给社会群体，从而直接或间接地推动生产力。这就要求研究者具有创作力，能够高效地展示与宣传最新的科学理论。社会群体在判断某一研究的价值时也依赖于论文或其他媒介。正确的理论无法散播，便体现不出它的价值，其研究者也将无法得到赞助。这样，科学与实践之间的链条便发生了断裂，所以将实地经验和理论脉络转化成研究论文、论坛科普、博客等形式，对社会进步的贡献是巨大的。这些都需要通过创作力来完成。

6. 我们的反思：研究形式背后的"五力分析"

究竟什么是质性研究？为何很多人喜欢却不敢真正去从事？我们也没有答案。为了回答学生对于质性研究的疑惑，我们开始了探索。

我们从提出问题（敏锐力）、确立论点（质问力）、收集数据（田野力）、分析数据（思辨力）、撰写论文（创作力）这五个技术层面，获得质性研究者所需具备的五种专业能力。我们暂且称这些为质性研究者的"五力"分析。

其实我们还发现另一种能力也很重要，那就是"五力"之外的第六力——习惯力。什么是习惯力呢？简单地说，只要一再重复、刻意练习，就能培养出习惯力。那是一种行为惯性。从事质性研究的过程中，会遭遇心理障碍与种种现实生活的挑战，这时候，坚持、自律就显得相当重要。因此，要时刻有意识地培养这五种专业能力以避免半途而废。支撑研究者坚持走下去的力量就是习惯力。

虽然我们从写论文的流程中，依次总结出了这五种专业能力。但是这五种能力并不局限在某一个环节中，各个方面都会对这五种能力有所要求。例如，泡田野时需要敏锐力，才能找出关键的线索与脉络；基层访谈中，也要对受访者展现出质问力，才能收集到关键的线索。

不只是敏锐力、质问力、田野力、思辨力、创作力与习惯力，当有了自我能力培养的意识，即便未来的研究或生活中需要其他某种能力，我们依然能够用这种"五力"分析的思维去锻炼自己并养成习惯。好的质性研究者有很多缄默的、无法言表的、身体化的知识，这些知识需要在反复的操练和问题解决过程中得到唤醒、锤炼、生成和升华。对于"五力"分析或其他更好的思维方式能够运用自如，我们便能不惧迎接新的挑战。

§3　质性研究者之"定位"

我们常听到："态度，决定你的高度！"而我们从学习质性研究的过程里，也体会到："角度，决定你的研究深度！"我们是谁呢？我们开始思索我们在质性研究中的位置与角度，思考研究者所处的位置就是说研究者要有角色意识，研究者的角色意识是研究者在研究中对自我形象和功能的设计及塑造，它回答了研究者以什么姿态出现在被研究者面前、研究者个人的定位对被研究者有什么影响的问题。思考研究者的角度是指研究者的研究视角，研究者的视角指研究者看待所研究问题的角度以及个人的观点和看法。它回答了研究者个人对这个问题有什么假设、研究者的前见（即既有经验阅历、背景等）对研究有什么影响的问题。斯丹纳·苛费尔将质性研究者的角色比喻成两种不同的类别：矿工和旅行者。他指出，这两者虽然都是在了解社会和追求真理。但是，"矿工"更像是一个知识探索者，知识被认为是客观存在的，类似丰富的矿藏，等待着"矿工"去挖掘；而"旅行者"是一个知识建构者，通过在旅途中不断与人交谈和询问，以形成自己此时此地的见闻和见地。斯丹纳·苛费尔则更青睐质性研究者将旅行者作为角色定位①。

---

① 斯丹纳·苛费尔，斯文·布林克曼. 质性研究访谈［M］. 北京：世界图书出版公司，2012.

具体地，在质性研究的实际工作中，在求"知"的过程中，我们必须时时觉知自己的角度与位置。不断反问自己：我们的角色到底是什么？我们到底是田野里的访谈者还是受访者？是研究者还是读者？是审查人还是主编呢？我们的位置在哪里？我们怎么知道我们做到了我们希望做到的？我们怎么知道我们获得的知识是真实、可靠、可信的？每一个角色都站在不同位置，持不同的角度与高度。当我们开始觉知当下所持的角度后，就能弹性转换，更能看得更透彻，获得深层的意义。

结合我们的一些访谈与产学合作的经验后，归纳出了四种与质性研究有关的容易混淆的位置与角度（见表2-1）。

表2-1 质性研究者的角度与位置

	位置与角度	正确思维
混淆一	我们是访谈者，还是受访者？	在研究开始之前、之中和之后都必须认真严肃地对自己的个人倾向以及与研究对象之间的互动进行反省
混淆二	我们是研究者，还是读者？	考虑读者所处的背景，站在读者的角度思考铺陈
混淆三	我们是研究者，还是实践者？	"化推销为营销"，站在"营销"（Marketing）的角度，将研究发现升华为实践贡献
混淆四	我们是作者，还是审稿人？	将审稿人视为朋友，而不是敌人，他们是来协助我们、让我们想得更深入一点的

一、我们是访谈者，还是受访者？

第一种位置与角度容易混淆的是：我们是访谈者、还是受访者？当我们泡在田野里的时候，常常会迷失了自我的定位：我们是谁？我们现在到底是受访者还是访谈者？例如，我们在田野中，自己站得位置太近，于是访谈者入侵而变成了受访者，这就好像10岁小孩，竟说出50岁的人才能体会的人生哲理。换言之，访谈者迷失了自己的角度而喧宾夺主变成受访者的代言人，这时也就失去研究的真实度了。

研究者的角色意识不仅对研究的实施方式有一定的影响，也会对研究的结果产生重要的作用。在质性访谈中，访谈者如何能够真正理解受访者呢？访谈者在进行访谈之前，必定已经通过前人理论、自身经验等方式对自己的研究问题形成了自己的想法，即具有主观性，更甚至是带有偏见。因此在与受访者交谈的过程中，研究者必须对自己的个人倾向以及它们与研究对象之间的互动进行反省和审视。如果访谈者处于强势地位，那么他/她其实会轻易地、有意识地引导对方往自己感兴趣的路上走。这样，访谈者所获得的研究结果虽然主要来自受访者，但是研究结果报告的却是访谈者有关受访者"故事"的"故事"。反省不仅可以使研究者更加客观地审视自己的主动性，而且可以为研究结果的真实性提供一定的评价标准和证据。因此，研究者在研究开始之前、之中和之后都必须认真严肃地对这些关系进行反省，而不是受它们的左右还茫然不知。

此外，当访谈者回到研究者角度进行数据分析时，这时又会碰到理论角度巧妙切换的问题。例如，常常在一篇文章中，我们可以用 A 理论解释一部分，却也能用 B 理论解释另一部分，可是 A 与 B 两理论却是彼此冲突的。理想上，我们可以运用理论角度看穿现象背后的意义。可是，当研究者一不小心以理论角度强压数据的话，那么理论与数据的基本对话也就不见了。也就是说，因为强用理论套数据，便难免让人觉得本末倒置。

二、我们是研究者，还是读者？

第二种角度与位置容易混淆的是：我们到底是研究者，还是读者？特别是当在写研究论文的时候，我们经常犯这种错误，其实是我们个人写作上的盲点。换言之，我们（研究者）并未好好尊敬读者，未站在读者的角度思考铺陈。写作并不是笔记，是写给读者看而不是自己看的记录。例如，写一篇论文，当写下"疆界"一词时，我们的认知就是"知识疆界"这一种，而我们似乎并未意识到，当读者阅读这篇文章时，其实疆界有地理疆界、组织与环境之间的疆界，或是部门之间的疆界。我们若是未在文章中解释明了，读者自然也会分不清楚。

因此，常常被审稿人指出："这篇文章的名词并未统一！"这也是在写作时并未考虑读者所处的背景（Context）。由于我们没有觉知研究者与读者位置的差异，自然无法清楚地传达我们的研究创见。

三、我们是研究者，还是实践者？

第三种角度与位置容易混淆的是：实践者到底要的是什么呢？在我们几次投稿的经验中，审稿人在我们所写的文章中都指出："这篇文章有何实践贡献呢？"也就是"So What"的问题。后来，我们终于有了小小的体会，原来我们总是站在研究者的位置，自以为是地"推销"（Selling）研究亮点，殊不知实践者真正的需求到底是什么，即没站在"营销"（Marketing）的观点处理实践贡献。

经过几次提醒之后，我们再回到文章细细阅读，终于明白我们总是以"推销"而不是"营销"的角度思索问题；我们未能将研究发现，转化为企业家/管理者想要知道的答案。这也就是为何审稿人会指出我们的实践意义不足。同理，若研究者能将研究发现升华为学术社群所需要的，那就能厘清研究的理论定位与贡献了。总之，要学会"化推销为营销"。

四、我们是作者，还是审稿人？

第四种位置与角度容易混淆的是：我们到底是作者还是审稿人呢？过去，我们把审稿人当恶魔看待，认为他们是我们研究的"绊脚石"，我们总认为这些审稿意见是审稿人的刻意刁难，他们并没有看懂我们的文章。从这种负面的角度出发，我们看不清楚审稿人的用心，自然也无法从改稿过程中学习。

后来，才慢慢认清，原来，审稿人是来协助我们的、让我们想得更深入一点的！审稿人一方面帮助我们改善文章的质量，一方面也要对期刊的读者负责。当初，我们初入学术界，扮演审稿人的角色时，我们总是看这个不对、看那个也不对，于是写了一些"严厉却无建设性的"评论。现在想想，真该对他们说一声抱歉！现在，我们慢慢学习到，应该负责任地给他们一些建设性的意见。

总之，当我们厘清"作者与审稿人"的角度后，将审稿人视为朋友，而不是敌人。这样的转变与体谅，也让我们的学术生活更快乐一些！

五、我们的反思：角度，决定你的研究深度！

我们认为，质性研究或许是一种"找回自己、关心别人"的研究，也是一种时时觉知自己角度的修炼。我们必须时时觉知，自己现在是老师、研究者、父亲、顾客等角色。我们试着这样找回自己，却还不够关心别人，我们还是需要继续闭关修炼吧！

第二部分　质性研究的六项修炼

第三章 第一项修炼：田野调查

§1 初识田野

一、田野调查概述

关于田野调查，起源于人类学和民族学研究，用于研究非本族文化和相对原始部落群体，之后被社会学家们拓展，逐渐用于研究本民族文化、都市社区、亚文化群体甚至是现代生活等方面。随着研究领域的不断扩大，"田野"这一概念的外延也在不断扩展，从太平洋上的岛屿到都市中的意大利社区，从异文化的部落到本民族的村落，再到快速工业化过程中的"城中村"，田野无处不在。从最初的在异文化中、在部落里、在田间地头上做调查，已经发展到只要走出书斋，进入研究对象工作生活的环境中去，就身处田野中了[①]。

"田野工作"（Field Work），我们在字面上可以简单地理解为，在田野中调查时所做的全部工作，而不是另外一种调查方法。所以，按照严谨的学术定义，发展到今天，采用"Field Research"，即"实地研究"更为恰当[②]。不过，大家仍习惯以田野调查来代替实地研究，本书后面所说的田野调查也是如此。田野调查是深入研究对象的工作生活实地中，以观察、访谈、口述史的方法搜集资料，通过对资料的分析研究来理解、解释现象和社会的社会研究方式[③]。

---

① 李月英. 田野调查：文化人类学的主要研究方法 [J]. 今日民族，2007（9）：45-49.
② 范正勇. 对人类学研究方法——田野调查的几点思考 [J]. 青海民族研究，2007，18（3）：16-18.
③ 陈鹏. 田野调查方法及其在民族教育研究中的意义 [J]. 内蒙古师范大学学报（教育科学版），2009，22（5）：45-47.

二、田野调查方法

1. 观察法

（1）观察法概述。观察法并不是我们日常理解的简单的实地参观。社会研究中的观察指的是带着明确目的，用自己的感官和辅助工具系统地去直接地、有针对性地了解正在发生、发展和变化着的现象，并根据观察到的事实做出分析和规律性的解释①。

在社会科学研究中，观察的"仔细"使它与日常生活中的"观看"有本质区别，它的"仔细"体现在以下几个方面：基于我们的认知，观察有明确的目的，即观察是为了了解事物发展的状况和规律。一般的观看没有明确的研究目的，不是为了了解事物发展的规律。并且，观察进行之前要建立一定的理论假设，进行观察是为了证明或证否这一理论假设。一般的观看没有事先建立理论上的假设。观察进行之前要确定观察计划，要按照既定的计划主动、自主地进行观察。一般的观看没有计划，不是按照计划进行的，而往往是被动进行的，随意性较大。我们在观察时要进行记录，以便观察之后根据记录发现事物发展的状况或规律。一般的观看通常不进行记录，所了解的信息很容易流失。另外，观察之后要进行反思，对于观察的信度、效度等要进行自我检讨。一般的观看无须进行反思，观看本身就是全部，是起点也是终点②。

从参与程度这个视角划分，观察可分为非参与式观察、半参与式观察和完全参与式观察。

非参与式观察主要是指观察者完全不参与被调查者中，完全隐蔽起来进行的观察。这种观察方式的优点是完全不打扰人和事物的日常生活，能观察到最真实自然的现象，缺点是很难深入。

半参与式观察赋予研究者两种可以选择的角色，一种是公开研究者身份参与到被观察者中去，一种是伪装身份进行参与观察。这两者利弊参半，可以相对深入地进行观察，但是往往会打扰到被调查者的正常生活，使其感受到自己正在被观察，从而有可能改变行为方式。

真正不打扰被观察者又能深入观察的方法是完全参与式观察。在整个观察过程中，被观察群体的成员都相信研究者是群体中的一个普通成员，完全不知道他

---

① 袁方. 社会研究方法教程 [M]. 北京：北京大学出版社，1997.
② 颜玖. 观察法在社会科学研究中的应用 [J]. 北京大学研究生报，2001（4）：36-44.

是一个观察者。采用这种方法的研究者往往是为了搜集正常情况下完全无法了解到的社会现象或群体。例如，民国时期的社会学家严景耀先生，就曾采取这种方法，到监狱中当犯人去研究中国的犯罪问题。这一方法的深度和真实性都是最优的，但其所涉及的伦理道德问题往往令人难以回答，即社会研究者究竟有没有为了研究的目的而操纵和欺骗人的权利。

（2）观察法的意义。在社会科学研究的诸种方法中，观察法具有其他研究方法不可取代的特殊的重要意义，下面的内容可以作为补充了解。

首先，观察可以获得第一手资料，是一切社会科学研究的基础。任何社会科学理论都是对客观存在的社会现实的认识，是对社会现象发生、发展、消亡规律的把握。任何对于规律的认识均来自于观察。一切社会科学理论最终来源于对于客观社会现象的观察。

其次，相对于文献检索法而言，观察是在对全新的研究领域开展研究活动的唯一可供选择的方法。在一个已经经过许多人研究的领域开展研究活动，研究者可以从文献检索开始。但是，如果某个领域以前尚未有人进行研究，那么研究者在这个新的研究领域就没有文献资料可以检索、借鉴，从而研究者就必须从观察开始研究活动。

再次，观察是对第二手资料的验证。即使在一个已经相对成熟的研究领域开展研究活动，研究者也不能完全脱离观察。因为第二手资料有可能失真，甚至有可能是人为假造的产物，而观察的对象——社会现象却很难造假。如果我们一味地依赖文献检索，就有可能以讹传讹。如果第二手资料缺乏可信度或不能排除失真的可能性，研究者就需要通过观察对于第二手资料进行验证。

最后，观察是设计访谈、设计问卷的基础。无论是采用访谈法还是采用问卷法进行调查，都需要有一定的针对性，都需要对于存在的问题有一定程度的了解，而这种对于研究对象的了解往往是通过观察得到的。如果研究者没有对于研究对象的哪怕是非常初步的观察，他甚至连访谈的切入点或问卷所要了解的问题都无从设计。显然，观察法是访谈法和问卷法的基础①。

（3）实施观察法应坚持的原则。在田野调查过程中，实施观察法时，研究者要遵循客观性、全面性、高信度、目的性、计划性五个原则。

第一，客观性原则。客观性原则是指观察者在进行观察时，一定要采取实事

---

① 开进. 浅析观察法在认知心理学研究中的重要性［J］. 求知导刊. 2016（26）：129.

求是的科学态度，不能因自己的主观成见而对某些客观现象视而不见。事实上，观察者在进行观察之前，总会对观察对象有一些看法。如果观察者在观察中不能克服自己的成见，往往就会对自己希望见到的现象加以记录，对自己不希望见到的现象加以忽略，甚至按照自己的主观看法对观察到的事实进行任意的"修改"。但这样做，就不是为研究事物发展规律所进行的观察了，而是用经过裁剪的事实来证明观察者的正确，观察的意义也就不复存在了。

第二，全面性原则。全面性原则的内涵是观察者在进行观察时，不能以偏概全，不能把个别的、局部的现象当作全体的、全局的现象。为了使观察具有全面性，需要观察者在空间上进行全面观察，不能留有观察死角（即使是抽样也不能有意排除某些样本）；需要观察者在时间上进行连续观察，观察事物发展的全过程。

第三，高信度原则。高信度原则要求观察者在进行过程中，努力提高观察结果的可信程度。由于自然、社会各个方面的原因，特别是由于人为的因素，观察者有可能观察到假象，有可能被假象所误导。为了能够准确地进行观察，观察者事先需要对于观察中可能存在的"信度陷阱"有足够的估计，要努力找到相应的对策，控制观察的信度；事后需要对于观察中可能的假象进行反省，以便正确地估计观察的信度。

第四，目的性原则。这个原则是指对于社会现象的观察一定要有明确的目的，不能漫无目的地进行观察。对于社会现象进行观察的目的，集中体现在观察之前所做的理论假设上。没有理论假设的观察，不是为了证明或证否某个理论假设的观察，就是无目的的观察，就是毫无意义的观察。

第五，计划性原则。这个原则要求对于社会现象进行的观察一定要按照预定的计划进行，要在进行观察之前制定周密的观察计划，并严格按照计划规定的步骤进行观察。只要严格按照计划进行观察，才能够达到通过观察证明或证否某个理论假设的目的①。

2. 口述史法

口述史在国际上是一门专门学科，是以搜集和使用口头史料来研究历史的一种方法，或由此形成的一种历史研究方法学科分支，也是田野调查中的常用方法之一。②

---

① 卢祖洵，杜玉开．观察法的基本原则和特点．中国社会学，1995（6）：4-5．
② 杜钢．口述史方法在历史教学中的应用与反思．教育导刊，2012（1）：80-82．

口述史料与其他历史文献不一样的是，前期准备工作较长，一是划定历史时期，二是确定课题。选择口述人很讲究，一般有两种方法：一种方法是，就某一阶段、某一课题寻找亲历者，对能找到的、有表达愿望的，进行口述调查记录。其中，对时间间隔较长的时期，由于相关人群已不多，那么不管是重要的人物还是不重要的人物，是旁观者还是亲历者，统统都做口述记录。对时间间隔较短、相关人较多的情况，就要对人样进行筛选，选择有代表性的进行口述记录。另一种方法是，历史事件发生在某一地区，见证人也集中在该地区，可以通过当地媒体或发布广告来征集口述人。在口述采访中往往会不断发现新的人选确定为口述对象。这种人选的记忆往往更中性，其价值更大。

3. 访谈法

（1）访谈的分类。田野调查中的访谈法，分为结构式访谈和无结构式访谈①。

虽然很多方法教科书中认为实地研究中的访谈为无结构式访谈，但并不是说结构式访谈不能在此使用。结构式访谈，即问卷访谈，简而言之，就是用访谈的形式由调查者帮助被调查者完成一份问卷的填答。

问卷访谈又分两类：一是可答问题的方式，即田野作业者根据调查大纲，对每个受访人问同样的问题，请受访者回答。因为被调查者的文化程度不高，不熟悉甚至排斥问卷调查，没有办法自己完成一份问卷的填答。这时以"一问一答"的方式来合作完成问卷调查是相对合适的方法，而且也使得调查资料的数字化、准确化程度大大提高。二是选择式，即田野作业者把所要了解问题的若干种不同答案列在表格上，由受访人自己选择。前一种方式人类学研究者使用较多，后者社会学和心理学研究者使用较多。

无结构式访谈，又称作深度访谈或者自由访谈，只根据一个事先准备好的访谈主题或范围进行比较自由的交谈。在深入的互动沟通中，调查者能够移情理解被调查者，并且获得丰富、生动的定性资料，通过与理论对话，进行深度分析、概括、抽象，得出新的结论。

表面上看起来无结构式访谈的工作似乎更为轻松愉快，不就是聊天吗？谁不会啊。其实不然，做好一次深度访谈，不仅需要大量准备工作，在整个访谈过程中对访谈员的要求也比较高，既要带入感情以达到双方的深层次理解互动，又要

---

① 杨威. 访谈法解析. 哈尔滨大学学报（哲学社会科学版），2001（4）：114-117.

客观理性，随时跳出进行逻辑分析，实时引导、拓展话题的深度广度，同时还要小心不要让被调查对象控制主动权，出现跑题现象。

那么在田野调查过程中，如何做一个好的访谈者呢？一是需要阅读大量关于访谈和口述史方法的理论书籍，了解工作流程，做好充分的准备；二是要有大量访谈实践，一般来讲访谈总时长超过100小时，是一个质的飞跃。这里还有一个进步神速的小窍门，就是每次访谈完都增加一个评估的程序，即由自己或者有经验的师长对这次访谈进行认真审视评估，找出其中失误和成功的地方，总结概括记录。如此循环往复，访谈员就能够非常清楚访谈时自己的优缺点，从而改正进步了。

（2）访谈的技巧。无论何种形式的访谈，一是要注意深度，二是要讲究技巧。访谈技巧应注意以下三方面：一是启发式的访谈。一些受访人自己知道很多，但他却很难用自己的语言有层次、有系统地表达出来。在这种情况下，调查者必须一步一步地启发受访人。二是拐弯式访谈，有些问题不方便直接问，可采用拐弯式的访谈。比较隐晦的问题大多采用这种方式，这样问不会引起受访人的反感。三是要多问"为什么"。受访人往往能够回答"是什么"的问题，但不清楚"为什么"的问题，必须多问"为什么"，通过各种方式寻求答案。

（3）注意事项。一般来说，在访谈之前，研究者必须向被研究者说明如下几方面的问题：①研究者的个人身份；②研究的内容；③研究的目的；④处理研究结果的方式；⑤选择研究地点和参与者的方式；⑥参加此项研究的风险和好处；⑦保密原则；⑧观察或访谈的频率；⑨进行记录、录音或录像的可能性；⑩声明研究者不是来评论或评估对方而是来理解对方的；⑪声明被研究者的回答没有对错之分①。

当然，一些情况下，被研究者会拒绝研究者。虽然他们可能出于面子问题不向研究者明确说明，但是他们都有自己明确的理由：可能工作、生活太忙，没有时间参与研究；可能对研究的题目不感兴趣，觉得没有什么可说的；可能对研究者印象不好，不想和他继续来往；可能对"研究"这种形式本身就有反感，觉得这种"研究"没有用；可能自己心情不好，不想和人交谈……正如接受的理由可以有很多种一样，拒绝的理由也是各式各样的。面对这种情况，研究者该怎么办呢？

---

① 党登峰，王嘉毅．浅析教育研究中的访谈法［J］．教育评论，2002（2）：31-33．

我们认为,除了应该反省在协商研究关系时自己的行为以外,研究者应该认真分析被研究者的具体情况,了解这些理由是否真实。不管被研究者的理由是否真实,研究者都应该分析对方的拒绝对自己的研究意味着什么。例如,如果被研究者拒绝参加是因为他认为这种研究没有用,那么自己是否应该调整研究的方向和重点呢?因此,事实上,在研究开始的时候协商研究关系本身就是一个收集材料的过程。在协商中发生的很多事情可以为研究者了解当地的社会结构、人际关系以及自己所选择的研究问题的性质提供丰富的素材。

§2 田野调查的修炼

一、进入田野的重要性

我们都认为,要想做好质性研究,必须亲身进入田野。质性研究所重视的访谈,不同于量化研究的问卷。身为质性研究者,我们必须通过深度访谈的方式收集并分析数据。我们从田野调查中可以学习如何与受访者互动以及如何设计访谈,这包括访谈时间长短、访谈地点、谁是受访者……比起以问卷收集数据的方式,访谈需要准备的事情更加琐碎繁杂,可能会面临更多难以掌控的突发状况。因此,需要学习的内容、人际互动也不相同。

例如,我们在 2016 年 12 月计划到华江文化发展有限公司进行访谈,访谈前一天被告知受访对象临时因公出差。由于行程的限制,不得不更换受访对象。之前准备的背景调查和访谈提纲只得重新来过。田野调查总是免不了有些突发状况,因此,光是田野的实战经验,就很难归纳出一套标准的访谈流程。我们曾将受访者按照受访者与研究者的互动关系分为以下五个类型:①沉默型——问案者;②故事王——专注的听者;③批判型——激怒者;④专业散漫型——三角检验者;⑤交心型——关怀者。不过,这些与受访者的互动关系,只有进入田野才能体会其中的精髓。

二、事前准备

进入田野之前,我们要先问自己以下几个问题:①对方为何要接受访谈?②我们是否充分准备好了?③我们的访谈是否在浪费对方的时间?

换言之，充分的准备与深入的问题，是田野调查的基本功，扎实的基本功可以取得对方的信任，进而愿意接受我们的访谈。

1. 先取得对方的信任

访谈过程中，我们认为最重要的是要先取得受访者的信任，这样在之后的访谈中所收集的资料才具有深度和真实性，也才有可信度。因此，初次访谈，我们都会用一些轻松的话题来适当热场，主要策略是要先取得对方的信任。我们可以从关心企业的角度、社会网络关系或是学术专业等各方面切入以取得对方的信任。同时，需要在此过程中说明并让受访者理解我们的来意。

2. 提问的技巧

不同于问卷形式的固定问题，访谈是一种动态的过程，这个过程是透过"一问一答"逐步组织起来的，我们需要与受访者进行互动。问什么？怎么问？如何应对？这些都是访谈的经验。就我们的个人经验而言，田野提问有三个小技巧：第一是找物件解读，也就是透过现场里的物件提问；第二是持续地唱反调，也就是心中永远有质疑或不同的答案，并持续询问受访者，也就是随着受访者的答案，继续提问更深的问题；第三是贴标签求证，心中先预设一个假设性的答案，再根据这样的假设向受访者求证，过程中需要找事证说明，并保持弹性即不必执着于假设性的答案。

值得一提的是，对于提问技巧，我们必须在现场敏锐地意识到受访者的个性，及时调整，这样才能收集到具有深度的资料。

3. 转变访谈心态

初入田野的人在心态上最容易犯的一个严重错误就是带着预设的框架问题，换句话说，我们常常会以一种"我们要什么"的心态进行访谈，认为若受访者能提供我们要的数据，就是一次成功的访谈。然而，这种仅从"自我"的角度进行的访谈，往往得不到真实、有深度的故事。随着田野调查经验的累积，我们慢慢体会到这是不正确的访谈心态，从"自私"的心态逐渐转变为"协助与奉献的心态"。

想要做到这一点，我们同样可以问自己几个问题：①对方面临何种挑战？②我们能帮他（受访者）做什么？

通常，当我们这样考虑之后，不仅可以取得受访者的信任，在提问过程中，也能感受到过程更为顺畅、资料更容易收集。当我们访谈时，必须适时拿掉预设的框架，沉浸在这个互动中，因为这是一个学习成长的过程。当然，作为过来人，我们明白，初学者要是没有那些框架，通常会感到焦躁不安；所以常常用自己的框架引导受访者说出自己想听的答案，设法结束访谈。但我们认为，田野调查不应受这些框架的限制，或者时时觉察自己正用什么框架进行访谈。

4. 该问什么问题？

跟很多人一样，我们也曾为该问什么问题而困惑，对此，分享一下我们的经验。首先，若是企业管理领域，可以从公司实际所面临的问题切入。我们在2008年参加了 Academy of Management（AOM）会议，当年AOM会议的主题是："The Question We Ask！"在参会过程中受到启发：当我们身处田野，若没有特定的研究议题时，可以先从实际问题着手，不断地收集实际问题，然后，再试着将"实际问题"转成"研究问题"，回到研究上。简而言之，就是从实际问题的脉络切入，再思索研究与理论的可行性。

对于已经有特定研究范围的学者而言，还是可以在自己的研究范围内，不断询问受访者所面对的实际问题，之后，再从研究上、理论上去思索可行的解决方案。

如果我们在访谈过程中都能一直关心实际问题，而不是自己的研究问题，那么，也就能自然地从"我们要什么"转变成"我们能帮什么"的访谈心态了。过去我们对于访谈的对象，一直都抱持着一种"我们要"的心态，是一种单向的"我们跟他要，他必须给我们"的自私心理。反思之后发现，为什么跟对方要，对方就一定要给呢？简而言之，我们认为必须在"拿"和"给予"之间反省：汲取他人的人生智慧之后，我们又能给予对方什么？

因此，我们鼓励大家进行田野访谈时采用交朋友的方式。一场田野经验，双方都投入了时间和精力，是一场共同的学习历程。首先，抛开预设的框架，相当于开启一扇门，进入可对话的空间拓展意义。其次，以协助的心态进入田野，受访者则愿意分享深度、丰富的数据。最后，这些数据提升我们的研究质量，而我们也分享研究创意以回馈受访者。这整个历程，便是一种有效的相互学习机制。

三、田野是一种学习做人的修炼

一直以来我们都很鼓励学生从事质性研究，这其中的一个道理就是，田野与问卷完全不同：一种是发问卷，较少与人互动；另一种是去田野调查，必须直接面对受访者。光是这样的差异，即使我们的目的不是做学术研究，这些实战的田野经验，也足以令我们学习做人的成长。田野的经验让我们学会做人，学会如何与人互动,更从互动中学会如何关心别人,营销学本身就是一门研究人的学科。更何况,田野能让我们学会田野脉络的重要,训练我们深刻体会如何从脉络中条分缕析,寻找可行性的解决方案。

§3 田野调查的"四技"

如果从一个宽泛的概念来看,田野可分为"研究田野"与"生活田野"。我们在研究中提到的田野通常指的是"研究田野"。而我们每天的生活,可称之为"生活田野"。

大部分人所说的田野是指实地访谈的现场,即研究田野,但我们在这里想特别强调的是生活田野。其实,我们每天的生活,都是一场精彩的田野调查与反思,因为生活里不仅蕴藏丰富的智慧,还有别人宝贵的经验。因此,我们认为生活和学习是融合密不可分的,每天的生活也是一种田野调查,可以修炼自己的敏锐度。过去,我们和大部分人一样,对于田野的定义都有些误解。我们都从自己的角度想,认为田野调查只是为了搜集资料、完成自己的论文。但是,当我们转换不同的角度来看田野调查,会发现这其实是透过人与人的互动,协助对方厘清他的问题,也澄清自己的疑惑,这是一种双赢。

我们可以从田野调查中学到四项技能:提问技能、互动技能、反思技能、预知技能。

一、提问技能

我们可以在田野中学到提问技能。既然生活就是田野,我们便可以透过每天问自己问题,深入了解自己的执着与面对问题的症结所在,即"认识自我";或是把日常生活看到的现象加以"问题化",并构思可行的方案,这样做能强化自己的逻辑思考能力。举例来说,现在的大学生在课堂上玩手机是一件平常的事情,这是一种日常现象,但我们进一步思考,为什么大学生会在课堂上玩手机呢?这就是将一个现象问题化。你还可以再多提出几个疑问,例如:你为什么在课堂上玩手机?为什么不集中注意力听讲?这样子就能更深入了解大学生的生活状况,对此现象有进一步的理解。也可以自我反思:会不会是我们的上课内容、方式有问题?我们该采用何种创新的方式授课?因此,通过不断地提问,不仅能替自己解除疑惑，也能更加了解日常生活中的细节与脉络。

二、互动技能

我们可以在田野中学到互动技能。在研究田野或生活访谈的"一问一答"过程里，互动氛围的营造是很重要的。一个不经意的眼神流露，或是一个小动作的产生，都有可能影响田野调查的成败。因此，如何让受访者在接受田野调查的互动过程中感到舒服自在、愿意分享，这是非常重要的。另外，我们可以透过田野里的互动，来训练自己的口才和胆量，让自己往后在面对客户或是与人互动的时候，态度都能够自然、大方、不矫作；更能借此来扩展自己的人脉关系，延伸相关产业的背景知识。透过每天与朋友、家人、社群不断地互动，我们可以修炼自己的应变能力，也能学会如何营造现场的氛围。

三、反思技能

我们可以在田野中学到反思技能。在田野调查中或结束后整理数据时，我们都要能试着站在受访者的角度去思索以下几个问题：为什么受访者要这么说？我们能从他的经验中得到什么样的结论和意义？他的生命故事传达出什么样的含义？如果是自己遇到类似的事件会如何处理？等等。

其实，生活田野也是如此，我们每天都会遇到一些事情，我们能从中学到什么，如何反思并串联、丰富自己既有的生命故事。因此，我们认为不管是研究的田野调查，还是生活的田野调查，都是值得我们学习的契机，不仅能学到知识与经验，更对实际的"病症"思索"根治"的机制。总的来说，田野能提升自己对于现象的敏锐度。

四、预知技能

我们可以在田野中学到预知技能。当我们重新关注每日的研究与生活田野，使自身对于现象的敏锐度提升，预见了现象的根本或本质，我们就会相对增长一些预知能力。田野调查常常会出现许多预期外的突发状况，倘若我们能不断提问、互动、反思，探寻状况的本质，久而久之，我们自然能从细微处举一反三，并推敲出在什么情况下，会发生什么事件，从而能冷静沉稳地思索应变之道。因此，透过田野调查，我们也逐渐培养出预知的技能。

我们认为每天都是一场生活田野，包括课堂上和老师的互动、朋友之间的交谈等。老师应该把上课的内容问题化，在给予学生课本知识之际，也能从学生身上得到其他体悟，不同于以往饱受诟病的填鸭式教学"你要、我们给予"的这种单向关系，把授课变成一种双向学习的模式，教学相长。我们也认为，师生关系应保持着亦师亦友的良好关系，这样学生不仅可以采访学生，也可以采访老师；这是一种实用主义的学习方式①。

实践中，为了珍惜每次的访谈机会，避免第一印象就被扣分，我们会请学生在进行田野调查之前，先找朋友、老师练习。俗语说："机会是留给做好准备的人。"如果我们能在日常生活中时时练习的话，那么等到实际要到企业进行田野调查时，我们便能快速地进入状态，也能习惯事后省思，知道自己有哪些地方需要补足。

§4 田野调查的"五问"

前面说到田野对我们人生智慧修炼的帮助。那么回到研究田野这一范畴，当我们下田野时该做些什么，又该留意些什么呢？显然，对于研究者来说，田野的意义是访谈与收集数据。这时候我们常常会遇到一些措手不及的突发状况。例如，检查资料时才发现，整个访谈的重心偏离轨道、内容根本不能采用或是数据不足……所以，我们事前一定要做好访谈准备，以预防这些情况发生。以下，我们从现场考察的角度提出五个问题，即"问什么、看什么、想什么、写什么、带什么"，按照这五个方面准备可以使访谈更顺利地进行。

一、问什么（Asking What）

问什么，就会得到什么。问对了问题，便能收集到关键的资料。但做好"问什么"的功课却非常难。我们无法预知受访者究竟会讲出什么样的内容，也就无法事先确定他讲出的信息是否就是我们想要的。因此，我们事先都需要更精确地设立问题，不要被受访者的讲法误导。以下，有几点访谈的技巧供读者朋友们参考：

首先，不要直接询问受访者的个人意见。因为我们想要收集的资料是故事、

---

① Dewey J.. Logic：The Theory of Inquiry [M]. New York：Holt and Company，1938.

事证，而不是受访者个人的意见。他的意见代表个人，并不代表大众，也不见得客观。所以当我们从事质性研究时，不可大量引用个人意见，除非对方是一个知名的受访者，具有专业知识且经过社会的认可。通常的做法是，我们不问意见，而是请教受访者描述其经验。例如，要探究他的网络购物经验，不是直接问他有什么看法，可以请他操作一次给我们看，或叙说一次特别的使用经验，再从他提供的故事探究出我们想要的内容。

我们曾经请所带的研究生以如影随形的方式收集数据。具体来说，就是要像影子一样跟随在受访者身边，把他生活中的事件撰写成小故事，每天写一大一小两个故事：大故事，可能是一件重大的事情横跨好几天，或是他认为很有意义的一件事情；小故事，可以是受访者的生活节奏，记录受访者的心情或是每天做了什么事情。这样的方式，确实能有效地记录受访者每天在工作和生活中发生的故事。

二、看什么（Watching What）

当我们到了田野的现场，最重要的就是感受当下的情境。这个情境有可能是紧张、忙碌或是松散的。情境与我们接下来要访问的内容息息相关，因为情境会引导我们修正采访的问题，如当你感受到现场忙碌的气氛，你做访问时一定也会期望快速地完成这个访谈，所以无形中你也采用了严肃的态度，减少耽误受访者的时间；要是现场气氛很轻松，你就会采取一个比较开放的态度去对待受访者了。

此外，我们还需要观察受访者的行为。我们在给MBA上课时，听到过一个有趣的观察行为案例。故事是这样的：某电子产品公司发布了一款手机，新的手机有黑色与白色，公司邀请专家讨论究竟哪一种颜色会比较受大众的喜爱，讨论时大多数专家都选择了黑色。但在会议结束后，该公司提供该款手机作为出席这场会议的赠品，却意外发现那些选择黑色手机的专家，反而带走了白色产品。这个意见与行为相违背的案例提醒我们：必须观察受访者的行为与其言语是否一致。若是一致，整个访问内容的可信度就会相对比较高。

上述案例又让我们想到，我们需要观察的不只是现场的情境、受访者的行为，还需要注意周遭环境的细节物件。这些物件包括受访者的穿着、佩戴什么饰品、桌上摆的神像是关公还是财神。这些物件都代表了一个人的真实性格、信仰以及喜好，观察这些物件能让我们更容易地了解受访者的态度以及个性，也可以验证受访者所说内容的可信度。

三、想什么（Thinking What）

当现场这些数据和物件透过眼帘进入我们脑海中，我们要不断在心里问自己、想办法问受访者：为什么要摆关公而不是财神？为什么现场的气氛这么严肃？为什么他的回答和我们想的不一样？

通过这些质问让我们思考，想象现象背后隐含的意义，发掘我们看不到的那一面。

接着，我们要运用思维的技巧。通过"给意义""给答案""唱反调"的方式，来刺激我们思考。说明如下：

第一个技巧是"给意义"，也就是"贴标签"。我们要赋予这些问题背后的意义，解释现象背后的运作机制。过去因为填鸭式教学制约了我们的学习，习惯于追求标准答案。而赋予物件意义则可以重新启发我们的思维，大胆赋予意义是初学者应该踏出的第一步。虽然可能还是会没有信心，这是因为心中还存有标准答案的心魔。我们的体会是"世间只有真理，没有真相"，真相会因人而异，赋予意义才是构建的真相，接着我们再印证这个真相。

第二个技巧是"给答案"。也就是一种督促我们不断思考的技巧。当我们访问受访者时，心中可以事先构建一个理想的答案，当受访者说出跟我们一样或不一样的状况时，我们的内心自然会产生冲突。若想法一致，便可以继续追问一致的事证；若想法不一致，则可以继续追问为什么不一样，以挖出更多我们意想不到的内容。

第三个技巧是"唱反调"，也就是所谓的"正反合"的思辨技巧。这种正面与反面思考的关键是心中要永远抱持着"另一个可能的状况"。例如，知识管理为何仅适用于大公司，个人不行吗？再者，当受访者讲出了一种属于正面的想法，我们的脑袋若能立即蹦出反面的答案，便可以马上以不同的思维追问受访者，通常会有意外的发现。当然，具体访谈中要依据情境判断，如果发现受访者无法接受这种"唱反调"的访谈，则只能于心中自问自答进行这种思考技巧了。

四、写什么（Writing What）

现场要写些什么呢？或者，访谈完当天我们该做些什么记录呢？根据个人的经验，除了在现场要录音外，最好能做田野笔记。结束访谈之后，最好于当天或尽快在一周内写下这些记录,如逐字稿、访谈清单、田野研究笔记、一封感谢信等内容。

1. 逐字稿

在访谈结束后,需要尽快完成逐字稿,就是将访谈内容的录音一一整理成逐字稿,也就是现场文本。

2. 访谈清单

必须整理并列出已经访谈多少人以及花了多少时间等。所以必须列一张清单,写下当天访问的物件、访问的时间、内容等,将来写论文时,作为研究方法的佐证资料。

3. 田野研究笔记

将田野笔记（Field Notes）进一步转型成田野研究笔记（Research Notes）。根据田野的经验,可以写下这次访谈中看到什么有趣的现象,又学到了什么。这是什么样的实际问题?问题要如何切入?脑袋中浮现什么理论?把我们得到的灵感与想法,尽可能地都写下来。个人建议可以这样自我要求:定3个关键词,用1句话表达这次田野经验、写下3个学习点,也就是后面会提到的"313法则"。

4. 5分钟小故事

当根据录音转换成逐字稿（现场文本）之后,可以用"人、事、时、地、物"或"5W2H"方式架构小故事,尽快将现场文本归纳成一个意义单元,成为故事文本。如此一来,访谈的内容不仅更加方便阅读且引人入胜。

5. 一封感谢信

结束一天的访谈后,通常可能累得半死,面对上面这些"功夫"或许都开始产生抗拒的心理。但可千万别忘了发一封感谢信,感谢受访者拨出时间与提供宝贵的数据。毕竟谁都不太可能一次访谈就能写好一篇论文。因此,一封真心的感谢信是做人应有的礼貌,也能维系彼此的信任关系,有助于后续的访谈与资料收集,这也是我们所说的田野修炼也是一种学习做人的修炼。当然,随着移动互联网的发展和社交媒体的发达,表达感谢的方式也不再局限于感谢信这种方式,但不管用何种形式,一颗真诚和感恩的心都是必要的和可贵的。

五、带什么（Taking What）

除了田野必备的物品,我们会带摄录设备（现在通常携带手机就可以满足访谈的需求了）记录这次访谈过程。拍下田野状况、受访者与现场周遭的环境,记录值得珍藏的片刻。带回这些照片和视频资料，保存田野回忆是相当值得的。不仅有了回忆，这些资料还会有一些意想不到的用处。例如，日后可以作为研究的佐证数据，协助我们整理逐字稿、故事，撰写田野研究心得，也更容易回想当下的情境。另外，当撰写案例分析或研究报告时，这些资料可以使读者更容易进入我们叙说的故事里，增加丰富性。

在访谈进行中，若受访者向我们提及公司创新的服务流程，并拿出文件流程图介绍，这时便可以把握机会，征求对方同意，把这些具体数据收集回来，作为我们解读的物件和佐证的数据，可以在一定程度上启发我们接下来的研究。2016年我们在广州尚品宅配总部参观访谈，就尚品宅配"个性化定制服务"创新的商业模式进行调研，希望从价值共创视角（Value Co-creation）来对尚品宅配的供需服务进行解读，其间集团副总裁带我们参观时看到了墙上制作精美的流程图，经其同意后，我们用手机进行了拍照，事实证明在之后整理资料时，这个流程图帮助我们对尚品宅配的业务流程进行了梳理。

§5 田野调查的"三要"

我们尝试从心态、互动、产出这三个角度去分享田野调查的"三要"：心态要"三心二意"、互动要时时觉察、产出要铺陈创意。

一、第一要：心态要"三心二意"

在田野调查时，必须要具备"三心二意"的心态。"三心"是指好奇心、赤子之心与同理心。"二意"是指意义与差异。

1. 第一"心"是好奇心

当进行田野调查时，必须一直保有好奇心：脑袋里要不断地质问 Why，以厘清事件背后的因果关系；也要问 What，以弄清楚事件发生的脉络与事实。我们必须敏锐地区分"事实和意见"的差异。事实不会因人而异，如"武汉今天的温度是 30 摄氏度"这是一个事实；而意见则是个人根据事实所做的判断，如

---

① 尚品宅配成立于 2004 年，是广州尚品宅配家居用品有限公司旗下品牌，是一家强调依托高科技创新迅速发展的家具企业，凭借全屋家具、顾客个性化定制、数码设计、大规模生产、店网一体化经营这 5 个关键战略快速成为家居行业领先品牌。

"我们觉得今天很热（30摄氏度）"，这便是个人意见。同时，我们还得不断地问How，以便了解整个事件发展的进程。

2. 第二"心"是赤子之心

访问者除了要延续好奇心外，还要像小孩儿想要玩具一样地不满足。要确保访谈的深度，便不能全盘接受受访者的说法，我们要保有对回答持续地存疑的态度，对每一个说法在心中"唱反调"，以便追问出背后更多的信息。如此一来，不易满足的访者才能得到更多的田野数据和事实，也才是一场所谓的深度访谈。

3. 第三"心"是同理心

同理心是指站在对方的角度考虑问题。虽然研究者进行田野调查是为了完成研究论文，通常只关心"我们要什么资料"，可是，更根本的是，我们要将访谈的过程视为一种关心受访者、协助受访者的契机。因此，我们需要敏锐地察觉受访者的情绪变化，如声音、表情、动作等细节，当受访者感觉到任何不愉快，就要适时暂停访谈，站在对方的角度替对方着想，营造出一个舒服自在的环境，这才是对受访者基本的尊重。也唯有受访者在身心放松的状态下，才能将事件完整地还原。当我们以真诚的态度和同理心去对待受访者，不仅能让访谈顺利进行，也能拓展访谈人脉，甚至得到田野调查之外的收获。

4. "二意"——意义与差异

关于意义，当我们接收受访者传达的信息时，脑袋必须立刻运转并思考这个故事到底传达给我们什么样的意义和启发，或者去延伸思考为什么当事人要这样做，这样做背后有什么意义。关于差异，受访者所提供的故事与理论观点有何差异，这些故事又和自我的经验有什么差异，这是我们在接收信息的当下就必须在脑海中同时去思考的两件事。

二、第二要：互动要时时觉察

当我们累积一定的访谈经验后，会逐渐体悟到如何与受访者进行即兴互动。例如，我们怎么问？对方怎么回答？还有问问题的方式和与受访者互动的小细节：问了哪些问题？这些问题到底是否OK？为什么受访者会一直闪避我们的提问？那我们该不该再继续追问下去呢？为什么受访者会一直引导我们去问某个方向的问题？受访者真正关心的是什么？我们在互动过程中要时时觉察，及时反思自己所设定的问题是否正确、有没有必要调整。除此之外，我们还要在互动中察觉受访者的状况。在我们接触田野较早的时期，有一次进行企业访谈，受访者一直有意无意地看手表,而我们却丝毫未觉已经到了公司的下班时间,还想拼命问自己想要的答案,幸好当时同事及时提醒该结束访谈了,以免耽误受访者的时间。这些有关互动的实战经验,提醒我们互动要一直保持觉察,而我们也无形中提升了敏锐的观察力和质问力。

三、第三要:产出要铺陈创意

在采访的过程中我们必须保有一个问题意识,并随着访谈的进行,还要不断弹性地调整与修正这个问题意识。访谈中,我们要清楚地理解访谈内容和主轴,紧扣着问题的主脉络走,当然也可以弹性地调整。但必须注意一些零碎不相关问题的比例,以免不小心被受访者牵着鼻子走却浑然不知。甚至等到整个访谈结束后,才发现根本是不具深度的访谈。当访谈结束后,我们在整理时要立即对这些访谈的数据进行创意铺陈。其实,每一则故事都蕴含着一些意义与哲理,也能告诉我们一些生活的智慧。

李庆芳教授在这一方面进行了深入研究,他访谈后所做的铺陈练习分享如下:首先,将访谈思维导图重新绘成一张素材思维导图,以便整理出所有的访谈素材。其次,以问题意识重新构思这些访谈数据的顺序或分类,再画一张故事思维导图,以说明问题、故事、意义、反思的逻辑关系。再次,利用故事思维导图说故事,特别可以多说几次或对不同的人叙说。最后,当确定能叙述清楚后,便开始动笔写故事。这种技巧对我练习铺陈产出有很大帮助。

总之,每个访谈,甚至每部电影、偶像剧背后都隐含着一些问题。所以我们访谈回来后就要构思问题,以期能冲洗出清晰的画面。我们可以先练习叙述,以自己的方式表达受访者所要传达访谈要点的意义;再进一步把收集的素材转化成有意义的故事,将之修炼,重新铺陈出道理来。这个铺陈历程中,叙述可以练习我们铺陈数据的能力,文字化过程也可以训练我们清晰地掌握故事细节、脉络以及架构数据的能力;最后以文字描绘出景象、让读者产生画面,那么,我们就能掌握数据并学会产出要铺陈创意的功力。

不论研究田野还是生活田野,都是一个修炼自我解读力、质问力与铺陈力的学习场景。首先,保持"三心二意"的心态,不仅能提升问问题的技巧、增加对现场的敏锐度,还能提升解读能力;其次,当我们与受访者密切互动时,也能从互动中察觉自己和受访者在意的是什么,该营造什么样的互动氛围,提升自我生活的觉知能力;最后,我们如何将现场收集的资料分类,将零碎的素材铺陈到一个完整、有画面的故事里，可以练习表达能力、写作能力与铺陈能力。

因此，访谈技巧这"三要"——心态要"三心二意"、互动要觉知脉络、产出要铺陈创意是一种倍数的学习方式。想特别强调的是，这"三要"不仅适用于研究田野，更适用于我们每天的生活田野。每一天，都是我们的素材，可以将之转型，将生活素材铺陈为一个动人的故事，探究意义并从中汲取智慧。

§6 田野调查的"二寻"

在说质性研究前，我们先来谈谈量化研究的方法论：量化研究者运用问卷可以找到所需要的资料，透过统计分析的运算，客观的数字可以证明提出的假说或模型。然而，质性研究者并不是运用问卷与数字来推导假说，而是透过深度的访谈，探究现象背后的意义。研究者必须带着问题意识进入田野，若是研究者不够敏锐，即使泡田野许久，也仍旧无法发掘独特的亮点。质性研究的推理过程不同于量化研究可用问卷与统计数字，运用物件与事证是成为质性研究者不可或缺的两项基础技能，收集文字形式的数据，再通过思考来发展独特的论点。物件与事证即为田野调查的"二寻"。

至此，相信读者们还是对我们所说的物件与事证感到很模糊。物件与事证到底是什么？初学者往往并不能分辨清楚，也常将两者混为一谈。我们试着从两者的运用方式、现场所在、相辅相成三个方面加以说明。

一、运用方式不同

质性研究者运用物件来解读或探究意义，运用事证来说明主张的论点。当研究者进入田野，先要观察周遭的情境与相关的事物，敏锐地找物件解读。例如，以前我们访谈过的一位总经理，他办公室的布置全走日式风，包括桌子、椅子与茶杯等都透着一股禅意。这些物件或许可以解读出经营者的背景、经营策略或是价值观等。我们还观察到他的办公室里摆放了七座威风凛凛的关公神像。我们心中突然起疑，为何不是财神神像呢？我们便以此为物件解读这位经理人的行事风格。当我们要离开办公室之前，鼓起勇气问他对于关公的看法与情感。他先笑着说："有三座是岳飞，四座是关公。"接着，他又解释道："做生意，总要有点霸气！"

关于这个经历，我们有两点感悟：第一，我们观察物件仍不够细腻，连关公与岳飞都分不清楚，这点也提醒我们日后对访谈现场的观察需更细致。第二，访谈中的说法是否与这些物件相吻合呢？万一，这位总经理行事作风温文儒雅，策略上总是被动或居于下风，那么就跟摆设关公与岳飞的物件格格不入。那我们就可以进一步解读为何会有这种反差出现。

另外，事证也经常是一个具体的事物，其功能主要用来支持研究者发现的论点或主张。相对于量化研究，可以用统计数据来证明以接受或拒绝假说；质性研究则得用事证来说明研究者所论述的主张。例如，朱自清的《背影》要说明父爱，大家回想在车站离别的那一幕，"掉了一地的橘子""父亲蹒跚的背影""月台"这些都是说明父爱的事证。

回想我们自己在学习质性研究的过程中，犯过用量化技巧来证明主张的错误。我们使用大量意见式引言来操作数据。例如，我们想说明学生们对于某门课程很感兴趣，于是运用大量"这门课好有意思"等类似话语。其实，这种把"意见式文字当数字"的方式是不对的。这种事证一点儿都不自然，根本是作者刻意"污染"数据，有经验的读者很容易就看穿其真相。正确使用事证的方式应该是设法去呈现学生提前到教室占座、课堂上勤做笔记、踊跃发言等充满激情的情境，来印证学生们对这门课程很感兴趣。

我们可以透过解读物件来了解现象背后运作的机制，如同朱熹所言："格物致知。"我们透过对现场物件的解读，理解出一个知识体系。当我们发展出一个论点之后，反过来用事证来说明所主张的论点。前文的例子中，也可以办公室摆关公神像作为事证，说明该经理人霸气领导的行事风格。

二、物件与事证都隐藏在现场里

不管是物件或事证，它们都隐藏在现场里。这也就是为什么我们一直强调要进行田野调查。研究的创意需要被不断地刺激，尤其当我们遇到研究"瓶颈"时，进入田野发现新物件或看到新事证，就可能会为我们的研究开另一扇门，发展新论点，或进入另一个研究领域。

可是，初学者也常常会有这样的困惑：为什么有些人可以轻易找到新物件与新事证，有些人却一点感觉都没有呢？其实这种找物件或事证的能力取决于对田野有没有敏锐度。通常来看，有三种人比较容易对物件或事证具有敏锐度：

1. 个性敏感的人

有些人生性好奇，五感（视觉、听觉、嗅觉、味觉、触觉）特别敏锐。这类研究者接收的频率较广，总是可以感受到较多的物件与事证；而迟钝的人，即使物件与事证相当明显，他们也总是视而不见。

2. 有丰富田野知识与经验的人

当我们对于田野知识或研究主题有一定的理解程度时，就较容易感受到现场独特的物件或事证。例如，作为市场营销专业的老师，在营销管理领域积累了一定的知识与经验，自然在田野上可以感应到更细致的线索。

3. 有问题意识的人

如果我们已经有了问题意识，这个问题就会引导我们于田野中注意相关的物件或事证。这就和如果心里一直惦记着买一条格子围巾，当天一定会看到许多格子图案围巾的道理是一样的。值得注意的是，并不是必须等到研究问题成熟之后，再进入田野收集资料，而是把问题意识当作切入点，据此逐步深化自己研究的问题与发展独特的论点。

三、物件与事证是归纳与演绎相呼应的循环过程

不论是找物件还是找事证，两者都是相辅相成的。当我们看到一个有趣的物件时，要习惯勇于解读意义，尝试发展出新的看法或论点。当我们透过物件找到另一个物件时，不断地从各式各样的物件中解读出相同的意义，也不断深化其意义，直到理论饱和为止，这正是一种归纳推理的过程。

为了要让我们的研究发现具有说服力，还要找到足够的事证来说明、佐证论点。例如，要说明格力集团的董明珠女士是一个有魄力的领导，那么就得收集董明珠有魄力的事迹作为事证，这就是一种演绎推理的过程。

还有一种可能的情况是，当我们找事证来佐证论点时，会发现某些事证并不一定都能支持我们的论点。当事证不支持论点时，我们心中便会浮现新的冲突点，这个冲突点又会进一步引导我们找下一个物件，解读出不同的意义，然后又重新运用新的事证来佐证论点。两相交互作用之下，我们会发现质性研究是一种归纳与演绎不断呼应的循环过程。

由此可见，事证与论点两者是相辅相成的，我们不用太介意"是鸡生蛋还是蛋生鸡"这种问题，而是要巧妙运用物件与事证。总之，"论点不够深，就找物件。佐证数据不足够，就找事证"，这就是质性研究"辩证式推理"的过程，借此推理过程不断深化意义与背后的运作机制。

物件与事证都在田野里，质性研究者从物件窥探未知的世界，这考验我们的

解读能力。根据我们的经验，要锻炼解读能力一个有效的办法就是"每日一物"：每天请找一个物件，对其可能的意义进行解读。练习之前先做好心理建设并告诉自己：只要尝试解读就好，意义无对错之分。只要持之以恒，一定能看到自己的进步。

另外，质性研究者也要敏锐地感应现场的事证，以此支持自己的论点，这考验其逻辑推理能力。质性研究需要借助事证来说明现象背后的意义或者运作机制，而不是用故事或引言证明其论点。说明与证明的差异非常微妙，若我们是一种证明的心态，很容易被审查人看穿是在套理论证明我们的论点，或者用资料证明理论，因此我们要有运用事证说明真相的态度。例如，为了显示父母的关爱，可能的事证是下雨时他们接子女下课，给子女撑伞，子女全身干净，他们却淋湿了肩膀，其中的情感，无须多余的语言也能自然地流露而出。

最后，物件与事证是相互配合的，有时线索不仅被当作解读的物件，也被当作推理的事证。例如，凶杀案发现场血迹的角度，开始时被作为解读现场的物件，当找到犯罪嫌疑人时，血迹的角度可能也成为推理的事证。

§7 田野调查的"一核心"

对于量化研究与质性研究，很多人心中充满质疑。这两种研究方法是对立的吗？答案是他们并不对立，而是相辅相成的。这就像有人问我们："支付宝和微信的红包大战到底谁会笑到最后？"其实，不是表面谁会赢的问题，而是背后的本质：锁定用户支付习惯。所以，质化与量化没有孰对孰错的争议，只有探索真理的不同途径。

2015年，在广州召开的中国企业管理案例与质性研究论坛上，有学者提出：量化研究者认为光凭访谈资料去推论、构建理论，这样的推论太主观，他们很难认可。简而言之，量化学者很难接受质性研究者这样子的做法。对于这个争议，其实我们心中早有想法了。我们在这次论坛中获得了一些灵感，也激起我们内在蛰伏许久的想法。于是我们将访谈资料客观与否的争议，整理成三种对资料的哲学观，"哲学观"即田野调查的"一核心"。

一、资料是客观的（Objectivism）

第一种哲学观是资料是客观的。这个哲学观正是量化学者所坚持的信仰；他们相信客观事实是存在的,通过问卷的填答与数字的转换,认为可以从样本的结果,一般化推论到群体。这的确是一种有效探索群体、了解真相的研究方法。

人的复杂想象与思维,因此被客观转化为数字,以客观的数字重新推论。所以说资料必须客观,否则后续一切推理都可能会产生问题。因此,量化学者必须坚定信仰数据客观哲学,所有的事情要尽量去除人为主观的因素,以免推论错误。这些被量化的数据应该客观存有,并不允许出现主观用法。

二、资料是主观的（Subjectivism）

第二种哲学观是资料是主观的。这是很多量化学者批评质化学者的关键点：怎么采用主观的访谈资料来构建理论呢？具主观性的小众（样本）如何可以推论大众（总体）呢？换言之,量化学者认为访谈数据过于主观,不仅可信度不佳,而且访谈经常会因人而异。这样的推论根本不合逻辑。

其实,质性研究的哲学观不是在追求一般化,而是从案例中进行反思总结经验汲取智慧。因此,我们不会以独特的案例去推论总体。我们是从案例中呈现与说明资料背后的意义,从资料的诠释获得新见解,并在反省过程中得出对于大众的贡献。例如,从"魏则西事件"去反思网络安全、企业伦理,甚至是人性的议题等。

所以在质性研究的过程中,我们可以带着主观的论点去呈现资料深层的意义。而理论观点就像显微镜那样,协助我们清楚看到肉眼看不到的事物。因此在访谈资料中,质性研究者经常会用"I think…"这种引言穿插于文章之中,一来增加推理的逻辑性,二来也可以呈现访谈资料背后更深层的意义。

三、资料是交互主观的（Inter-subjectivism）

第三种哲学观是资料是交互主观的。质性研究方法并不排除研究者与受访者的主观问题,甚至认为主观是无法避免的,与其无法控制所有的变量,我们不如积极坦然面对主观性这个问题。

从各种迹象来看,质性研究者认为访谈过程是一种交互主观性的。什么又是交互主观性呢？简单来说,研究者与受访者都有其主观性,整个访谈过程中研究者主观与受访者主观彼此是相互影响的。资料并不是由研究者单方收集,而是彼此共同构建的资料。换言之,研究者的主观会影响受访者的主观;反之亦然,受访者主观也会影响研究者主观。因此,访谈资料是研究者与受访者在交互主观下所交流构建而出的资料。

在这种情况下,研究变成是一种有趣的互动过程。首先,研究者的主观因为受访者的主观而转变。例如,研究者原先的主观理论观点,因与受访者互动,而改变对既有理论的执着。资料与理论不断地冲撞与对话,致使研究者对于理论有更深的体悟,因而产生新见解。其次,受访者说出自己的故事,再与研究者互动后,增添研究者理论观点的刺激,而对实践的作为,也会产生新的思维。最后,研究者与受访者因交互主观的影响,双方都能借此过程而受益。

四、不要执着于资料,才能看穿背后的意义

经过访谈资料是否客观的反思过程,我们的感悟是:质性研究的哲学观特别强调从资料悟出智慧的思维历程,对数据进行归纳与推演。所以,我们不要执着于资料,才能看穿背后的意义。

因此,我们不该陷在数据主客观的争议,而是要跳脱这样的争议并想清楚,我们能从访谈资料中获得什么意义与见解,我们又能汲取什么样的智慧,当然,不管量化或质化,我们都要避免运用错误的数据进行推论,否则就会变成"Garbage In Garbage Out"。

最后再强调一次,哲学观是一种信仰,信者恒对,不信者恒错。量化与质化可以选择对话,而不是对战。客观与主观之间的交互对话,将使研究者能持续地进步与创新。

§8 田野调查中应该知道的四本书

一、《如何做田野调查》

上海译文出版社出版的《如何做田野调查》(作者为罗伯特·埃默森、雷切尔·弗雷兹、琳达·肖)一书通过大量正在撰写的田野笔记实例,考察了田野研究者如何将亲身经历和观察写成田野笔记的过程,讨论如何运用田野笔记来讲述民族志故事的方法,以及帮助研究者基于田野笔记撰写民族志的关键步骤。

二、《田野工作的艺术》

重庆大学出版社出版的《田野工作的艺术》(作者为哈里·F. 沃尔科特)

一书，不但关注田野工作，也关注了田野工作中不可或缺的思维活动。它的重点在于区分有序的数据采集工作和让田野工作超越其上的一切其他工作。这并非坚持田野工作就是艺术，而是提出，在做田野工作时，既需要科学家的系统做法，同样也需要与艺术家充满想象力、创造性地工作相关联的素质。这始终是本书的宗旨和重点。

三、《在中国做田野调查》

重庆大学出版社出版的《在中国做田野调查》的作者来自世界各地（主编为玛丽亚·海默），并且拥有着各不相同的学术背景，如政治学、人类学、历史与文化、经济学等。他们从不同的角度审视了自己在中国开展的田野调查工作，探讨了一般的理论问题，并且对于后来者给予了许多实际的建议。尽管《在中国做田野调查》并不针对某个具体的研究问题，但是，却能对处理田野工作中常见的棘手问题给予有益的帮助。

四、《艺术田野调查法》

广西民族出版社出版的由柒万里、俞崧、黄建福编著的《艺术田野调查法》打破了以往艺术研究从艺术到艺术的单一范式，强调田野调查对于艺术创作与研究的重要性，综合了艺术学、民族学、人类学、考古学等学科的知识，详细介绍了艺术田野调查的源流、方法和技术，以及在开展艺术田野调查过程中的相关调查内容，阐述了田野调查的准备工作、艺术田野调查报告的撰写方法等。此外，本书还富有创见地阐述了如何运用民族民间艺术元素进行艺术创作的方法。

第四章　第二项修炼：研究方法

§1　研究方法修炼

学习质性研究像学开车一样，驾考培训班只能学习基础理论和操作；上路实践才能真正熟悉驾驶操作。学习研究方法仅靠"驾考培训班"练习是不够的，更需要进入田野与每天的实作，这才是能让我们真正成长的"道路实践"。

关于质性研究，严格讲起来，我们的学习过程也缺乏系统性。很多学者是从"干中学（Learning by Doing）"里慢慢体会的，即通过大量阅读与模仿经典质性文章，逐步体会研究方法的精髓。

换句话说，质性研究方法的修炼，我们是从经典文章中边做边学，并参加相关学术会议和论坛。在这些过程中，我们了解了许多学者在质性研究过程中积累的经验，靠着这样拼拼凑凑而产生一些研究心得。以下，从"四次转译"与"四个要素"两方面，来说明我们的第二个挑战（关卡）：研究方法的修炼。

一、"拉坯"[①]：数据分析的四次转译（Translation）

访谈结束之后，我们通常会有录音文件或田野笔记，接下来就是进入田野案例的初步数据分析。简单来说，我们将初步"拉坯"的过程称为"四次转译"，具体过程如下。

（1）第一次转译：将录音稿转译成逐字稿。这是一项费时、费力的大工程。不过，我们还是建议进行质性研究的人务必要亲身体验几次，才能对流程和其中的深意有一个大致把握。我们曾经花了几个月的时间进行逐字稿的转换，至今仍

---

① 拉坯是制作陶瓷的72道工序之一，也叫"做坯"，它是将制备好的泥料放在坯车上，用轮制成型方法制成具有一定形状和尺寸的坯件。

觉得受益匪浅。

下面简述一下我们的小技巧：我们试过用重新讲故事的方式，请打字员还原所谓的"原始数据"；把受访者的录音稿交给三位研究生同学，直接转译成逐字稿与故事，以便缩短这个过程花费的时间。

（2）第二次转译：将逐字稿转译成可阅读的小故事。通常，初步整理的逐字稿是一长段 Q&A 形式的文字稿，把它作为文本阅读材料时比较辛苦，也很难看出其中的重点。因此，我们的经验是将逐字稿转译成可阅读的小故事，而这些小故事更是日后进一步资料分析的素材。需要注意的是，这个转译过程不能删除太多的细节，而要尽可能地保留原汁原味的故事。

（3）第三次转译：尝试用理论说故事。进入这个阶段的时候，我们通常已经对故事有感觉和想法：可以采用什么理论来描述这个故事，我们应该开放思维，用不同的理论，甚至是跨学科的知识，从不同角度解读故事的深层意义。我们称这样的尝试为用理论说故事①。

例如，2016 年 8 月我们到广州尚品宅配总部进行了为期 5 天的田野调查，就尚品宅配"个性化定制服务"创新的商业模式进行重点考察和调研。在这期间，有幸对尚品宅配董事长李连柱、技术总监周淑毅、总经理李嘉聪、副总经理张志芳等集团核心负责人进行了田野访谈。根据访谈资料的整理，我们可以从"商品宅配的 C2B + O2O 模式创新"看尚品宅配的核心竞争力，也可以从尚品宅配的柔性供应链考察尚品宅配个性化定制的实现方式，还可以从尚品宅配的企业文化角度出发说故事。我们目前是通过价值共创视角（Value Co-creation）来对商品宅配的供需服务进行解读。

一般而言，第三次转译所花的时间最久，必须要多次尝试。这就像用各种不同倍率的显微镜看样本一样，其实我们每次所观察到的景象是不一样的。Bechky 在分享她进行数据分析的过程时表示："在第三次转译时，足足做了 50 次编码，光数据分析表格就来来回回进行了 50 次以上。"我们都觉得，这数十次的分析过程，为 Bechky 成就一篇经典文章奠定了良好的数据基础。

（4）第四次转译：用故事深化理论。基于第三次转译的成果，我们将数据分析的结果，进一步转译成为文章的一部分。我们称这样的过程为用故事深化理论。通常，在一篇质性研究的文章中，有两个地方需要有故事（数据）的说明。

---

① Bechky B. A.. Sharing Meaning across Occupational Communities：The Transformation of Knowledge on a Production Floor [J]. Organization Science, 2003 (14)：312 - 330.

第一，研究发现部分。为了呈现故事发展的主线、顺序与细节。我们要尽量铺陈故事，但不能过度渲染。这就好像忠实地描述用显微镜所看到的现象，而不去纠结被观察的个案，或者任意凭空想象所看到的景致。换句话说，让故事去说话，而不是研究者以个人的角度说故事，这才可以让数据具有所谓的真实度。第二，讨论部分。此部分是这篇文章理论（Perspective）和数据（Data）对话的体现，也就是所谓推论的过程。这时，我们要说明本研究有何新发现，根据什么理论角度，看到什么故事，又因此推论出什么新见解。

例如，我们的团队用诠释型个案研究法，从价值共创角度看尚品宅配的服务创新，探讨尚品宅配以线上线下（O2O）及消费者趋动（C2B）的服务流程，无缝连接了客户、设计师、工厂等主体，通过互联网平台进行互动与整合。通过利益相关者的交流、资源的交换与整合，一起解决供需问题进而实现价值共创。此研究以"问题、互动、平台、资源、价值"价值共创的5个理论构念，呈现了价值共创的历程与本质，同时反思与发展价值共创的脉络与作用机制，据此提出此研究的实践意义。

其实，转译过程就是从数据与理论角度的对话中升华出新的见解。就像一位创作者用他的巧手创造出一个作品，并叙说这个作品的深层意义一样。

上文提及的4种转译（translation）是一系列交互影响的过程，研究从逐字稿、小故事、用理论讲故事，直到最后成为文章的每一部分。通常，读者并不会看到逐字稿和小故事，无法直接看到研究者花了多少时间，也看不到研究者不断用理论讲故事的分析过程。然而，我们敢肯定的是，当有深度的读者阅读我们的文章时，他们能从作品中体会并感受到我们在这个过程中所下的功夫。

二、研究方法的选取

我们该如何选取研究方法？很多人在写质性论文时都面临这样的困惑。我们根据个人经验，尝试从研究方法、资料收集、资料分析、资料呈现四个部分进行说明。

（1）研究方法。我们必须告诉读者采用了什么样的研究方法。例如，扎根理论、诠释型个案研究、叙说探究、现象学、话语分析，以及本研究是单一个案还是多个案比较分析的研究。我们可以自问几个问题：我们为何要用这个方法？我们如何用这个方法？我们是如何用这个方法解答本研究的问题的？

（2）资料收集。我们也要告诉读者收集数据的整个过程。接着还要说明资料的来源,如公开资料、现场观察、访谈等来源。我们可以问自己:我们问过哪些人?从什么时候到什么时候进行访谈?我们问了哪些问题?我们是如何提问的?我们应该如何确认这些数据(如三角检验)?什么时候结束访谈?为何停止(如我们如何判断已经达成理论饱和)?我们如何理论抽样(Theoretical Sampling)?

这些说明的目的是协助后续研究者了解这些数据的来源,这样不仅可以增加研究的真实度,后续的研究者也可以学习这样的方法。

(3)资料分析的过程。我们要告诉读者数据分析的过程。换句话说,即如何从访谈的逐字稿发展出本文研究的论点及创新点。在这个部分,文章必须交代几件事,如:用什么理论角度来分析资料?为何要用这个角度的解读资料?数据与理论如何对话?内容分析得到什么结果?采用什么结构来进行分析?

诚如 Bechky 在转译的过程中用了 50 次分析表格来编码数据,这就是数据分析过程。当我们忠实交代资料分析的过程,除了可以说明推论的过程外,也可以说明即使换了一个研究者,只要照着做数据分析,也可以获得相同的结果。若我们能详细交代资料分析的过程,无形中也会增加本研究的合理度①。

(4)数据呈现。我们需要自问一下:"我们该如何铺陈这些数据?"并不是每位研究者都会在其研究方法中清楚说明并交代这个部分。因为研究者已经在研究发现、资料分析表及讨论中体现了资料。因此,当我们在写文章时,应该想想要如何呈现数据(故事轴、数据分析与讨论的方式)②。

事实上,当研究生开始做研究时,我们会给他们几篇经典文献,并问他们一个问题:"这几篇经典质性文章中,哪一篇经典文章的风格是你最喜欢的?"换句话说,就是在我们构思文章中数据呈现的风格。所以,建议各位可以利用平时阅读质性文章时,多学习大师的文章设计风格。

我们目前观察到两种资料呈现风格:第一种风格,先完整呈现故事,再说明研究的论点。第二种风格,先定义研究的论点,再用片段的故事、事证、引言,一再地说明、论证这些论点。也就是说,第一种风格是故事与论点先分开来呈现,在讨论中进行对话;第二种风格是故事与论点交织在一起呈现。事实上,两

---

① Golden - Biddle K., K. Locke. Appealing Work: An Investigation of How Ethnographic Texts Convince [J]. Organization Science, 1993, 4 (4): 595 - 616.
② Hsiao R. - L., D. - H. Tsai, et al.. Collaborative Knowing: The Adaptive Nature of Cross Boundary Spanning [J]. Journal of Management Studies, 2012, 49 (3): 463 - 491.

种风格各有优缺点。以我们的经验,对初学者而言,第一种风格是比较容易的;初学者若直接用第二种风格,很容易落入"同义反复"的陷阱里而不自知。

三、研究方法的心得

质性研究方法的学习就像学习游泳、学习创业一样。理论固然有用,可以协助我们盲人摸象;然而,我们觉得更重要的是,要勇敢地跳下去喝点水、喊喊救命,更能体会其中的奥秘。喝过水后,对于这些理论,我们就会有自己独特的认识。换句话说,我们认为的学习之道就是尝试和犯错,如此才能悟出其中的道理。

我们试着从学习方法的经验(个案)中,理出一原则。因此,从"如何做""写什么"的角度,去反思(Reflection)我们提出的方法论,希望我们分享"四个阶段的转译"及"研究方法四个要素"的个人经验,能提供学术同好缩短学习曲线方法论。

§2 研究方法简述

质性研究的方法比较多样,但目前在国内使用较多的仍是扎根理论和案例研究。下面,我们从自己的理解出发,简单介绍一下这两种方法的基本思路和流程。

一、扎根理论

扎根理论研究法是由哥伦比亚大学的 Anselm Strauss 和 Barney Glaser 两位学者共同发展出来的一种研究方法。是运用系统化的程序,针对某一现象来发展并归纳式地引导出扎根的理论的一种定性研究方法,其主要宗旨是从经验资料的基础上建立理论[①]。

研究者在研究开始之前一般没有理论假设,直接从实际观察入手,从原始资料中归纳出经验概括,然后上升到系统的理论。这是一种从下往上建立实质理论的方法,即在系统性收集资料的基础上寻找反映事物现象本质的核心概念,然后

---

① Harding C. M., Zubin J., Strauss J. S.. Chronicity in Schizophrenia: Fact, Partial Fact, or Artifact? [J]. Hospital & Community Psychiatry, 1987, 38 (5): 477 – 486.

通过这些概念之间的联系建构相关的社会理论。扎根理论一定要有经验证据的支持，但是它的主要特点不在其经验性，而在于它从经验事实中抽象出了新的概念和思想。在哲学思想上，扎根理论方法基于的是后实证主义的范式，强调对已经建构的理论进行证伪。

1. 基本思路

扎根理论的基本思路主要包括如下几个方面。

（1）理论产生。扎根理论强调从资料中提升理论，认为只有通过对资料的深入分析，才能逐步形成理论框架。这是一个归纳的过程，从下往上将资料不断地进行浓缩。与一般的宏大理论不同的是，扎根理论不对研究者自己事先设定的假设进行逻辑推演，而是从资料入手进行归纳分析。理论一定要可以追溯到其产生的原始资料，一定要有经验事实作为依据。

（2）首要任务。扎根理论的首要任务是建立介于宏大理论和微观操作性假设之间的实质理论（即适用于特定时空的理论），也不排除对具有普适性的形式理论的建构。然而，形式理论必须建立在实质理论的基础之上，只有在资料的基础上建立起实质理论以后，形式理论才可能在各类相关实质理论之上建立起来。此外，形式理论不必只有一个单一的构成形式，可以涵盖许多不同的实质性理论，将许多不同的概念和观点整合、浓缩、生成为一个整体。这种密集型的形式理论比那些单一的形式理论内蕴更加丰富，可以为一个更为广泛的现象领域提供意义解释。

（3）保持敏感。由于扎根理论的主要宗旨是建构理论，因此它特别强调研究者对理论保持高度的敏感。不论是在设计阶段，还是在收集和分析资料的时候，研究者都应该对自己现有的理论、前人的理论以及资料中呈现的理论保持敏感，注意捕捉新的建构理论的线索。

按照个人经验，保持理论敏感性不仅可以帮助我们在收集资料时有一定的焦点和方向，而且在分析资料时注意寻找那些可以比较集中、浓缩地表达资料内容的概念，特别是当资料内容本身比较松散时。

通常，质性研究者比较擅长对研究的现象进行细密的描述性分析，因此我们特别强调研究者对理论保持敏感。

（4）进行比较。扎根理论的主要分析思路是比较，在资料和资料之间、理论和理论之间不断进行对比，然后根据资料与理论之间的相关关系提炼出有关的类属（Category）及其属性。通常有四个步骤：

1）根据概念的类别对资料进行比较。对资料进行编码并将资料归到尽可能多的概念类属下面以后,将编码过的资料在同样和不同的概念类属中进行对比,为每一个概念类属找到属性。

2）将有关概念类属与它们的属性进行整合,对这些概念类属进行比较,考虑它们之间存在的关系,将这些关系用某种方式联系起来。

3）勾勒出初步呈现的理论,确定该理论的内涵和外延,将初步理论返回到原始资料进行验证,同时不断地优化现有理论,使之变得更加精细。

4）对理论进行陈述,将所掌握的资料、概念类属、类属的特性以及概念类属之间的关系按层次地描述出来,作为对研究问题的回答。

（5）理论抽样。在对资料进行分析时,我们建议,研究者可以将从资料中初步生成的理论作为下一步资料抽样的标准。这些理论可以指导下一步的资料收集和分析工作,如选择资料、设码、建立编码和归档系统。

当下呈现的每一个理论都对研究者具有导向作用,都可以限定研究者下一步该往哪里走、怎么走。因此,资料分析不应该只是停留在机械的语言编码上,而是应该进行理论编码。研究者应该不断地就资料的内容建立假设,通过资料和假设之间的论证比较产生理论,然后使用这些理论对资料进行编码。

（6）灵活运用。在我们看来,使用有关的文献可以开阔我们的视野,为资料分析提供新的概念和理论框架,但与此同时,我们也要注意不要过多地使用前人的理论。否则,前人的思想可能会束缚我们的思路,使我们有意无意地将别人的理论往自己的资料上套,或者换一句话说,把自己的资料往别人的理论里套,也就是人们所说的"削足适履",而不是"量体裁衣"。

2. 操作程序

扎根理论的操作程序一般包括以下5步:①从资料中产生概念,对资料进行逐级登录;②不断地对资料和概念进行比较,系统地询问与概念有关的生成性理论问题;③发展理论性概念,建立概念和概念之间的联系;④理论性抽样,系统地对资料进行编码;⑤建构理论,力求获得理论概念的密度、变异度和高度的整合性。

对资料进行逐级编码是扎根理论中最重要的一环,其中包括三个级别的编码,具体如下:

一级编码（开放式登录,Open Coding）中,要求研究者以一种开放的心态,尽量"悬置"个人的"偏见"和研究界的"定见",将所有的资料按其本身所呈现的状态进行登录。这是一个将收集的资料打散,赋予概念,然后再以新的方式重新组合起来的操作化过程。目的是从资料中发现概念类属,对类属加以命名,确定类属的属性和维度,然后对研究的现象加以命名及类属化。这个开放式登录的过程类似一个漏斗,开始登录时的范围比较宽,随后不断地缩小范围,直至码号出现了饱和。在对资料进行登录时,质性研究者要就资料的内容询问一些具体的、概念上有一定联系的问题。提问的时候要牢记自己的原初研究目的,同时留有余地让那些事先没有预想到的目标从资料中冒出来。在这个阶段研究者应该遵守的一个重要原则是:既什么都相信,又什么都不相信。

二级编码(又称关联式登录或轴心登录,Axial Coding)的主要任务是发现和建立概念类属之间的各种联系,以表现资料中各个部分之间的有机关联。这些联系可以是因果关系、时间先后关系、语义关系、情境关系、相似关系、差异关系、对等关系、类型关系、结构关系、功能关系、过程关系、策略关系等。在轴心登录中,研究者每一次只对一个类属进行深度分析,围绕着这一个类属寻找相关关系,因此称之为"轴心"。随着分析的不断深入,有关各个类属之间的各种联系应该变得越来越具体。在对概念类属进行关联性分析时,我们不仅要考虑这些概念类属本身之间的关联,而且要探寻表达这些概念类属的被研究者的意图和动机,将他们的言语放到当时的语境以及他们所处的社会文化背景中加以考虑。每一组概念类属之间的关系建立起来以后,我们还需要分辨其中什么是主要类属,什么是次要类属,并通过比较的方法把它们之间的关系联结起来。

三级编码(又称核心式登录或选择式登录,Selective Coding)指的是:在所有已发现的概念类属中经过系统地分析以后选择一个"核心类属",分析不断地集中到那些与核心类属有关的码号上面。核心类属必须在与其他类属的比较中一再被证明具有统领性,能够将最大多数的研究结果囊括在一个比较宽泛的理论范围之内。就像是一个渔网的拉线,核心类属可以把所有其他的类属性串成一个整体拎起来,起到"提纲挈领"的作用。

在这个过程中,可以下列步骤进行操作:①明确资料的故事线;②对主类属、次类属及其属性和维度进行描述;③检验已经建立的初步假设,填充需要补充或发展的概念类属;④挑选出核心概念类属;⑤在核心类属与其他类属之间建立起系统的联系。如果我们在分析开始找到了一个以上的核心类属,可以通过不断比较的方法,将相关的类属连接起来,剔除关联不够紧密的类属。

此处,举一个例子来说明上述三级编码的过程。在对一些在美国留学的中国学生的跨文化人际交往活动及其意义解释进行研究时，Barney Glaser 对资料进行了逐级的登录①。

首先，在开放式登录中，找到了很多受访者使用的"本土概念"，如兴趣、愿望、有来有往、有准备、经常、深入、关心别人、照顾别人、管、留面子、丢面子、含蓄、体谅、容忍、公事公办、情感交流、热情、温暖、铁哥们、亲密、回报、游离在外、圈子、不安定、不安全、不知所措、大孩子、低人一等，民族自尊、不舒服等。

其次，在关联式登录中，在上述概念之间找到了一些联系，在七个主要类属下面将这些概念连接起来：交往、人情、情感交流、交友、局外人、自尊、变化。在每一个主要类属下面又分别有相关的分类属，例如，在"人情"下面有"关心和照顾别人、体谅和容忍、留面子和含蓄"等；在"局外人"下面有"游离在外、圈子、不知所措、不安定、不安全、孤独、想家、自由和自在"等。

最后，在所有的类属和类属关系都建立起来以后，我们在核心式登录的过程中将核心类属定为"文化对'自我'和'人我'关系的建构"。

在这个理论框架下对原始资料进行进一步的分析以后，建立了两个扎根理论：①文化对个体的"自我"和"人我"概念以及人际交往行为具有定向作用；②跨文化人际交往对个体的自我文化身份具有重新建构的功能。

二、个案研究法

个案研究（Case Study），又称案例研究或个案研究法，其源头可以追溯到 19 世纪中期法国社会学领域，法国社会学家利普雷对工人阶级的家庭状况进行研究，他发展出了今天我们所熟知的个案研究方法。后来，人类学家马林诺夫斯基在特罗布恩德群岛进行的田野研究，是民族志个案研究的一个实例。

19 世纪末 20 世纪初，芝加哥学派社会学者将个案研究作为重要工具，进一步将个案研究应用于对工业化和都市移民相关问题的探讨。随后，个案研究法广泛应用到历史学、心理学、管理学等领域当中。

综观学者们关于个案研究法的研究历程，主要呈现了以下趋势：个案研究由非正式或前导性研究到现今成为众人所肯定的正式研究方法；由以往问题的解决到今日着重个案问题的描述、解释与分析；研究对象由早期的适应不良、问题行

---

① Glaser B.. Grounded Theory［J］. Huber Bern, 2011, 22（2）: 406 - 412.

为儿童到现今的正常儿童；从关注个案总体的普遍性研究走向关注有关特殊性个案的本质性研究。

基于对个案研究的认识，我们认为：个案研究就是以一个人、一个团体或一个事件为研究对象，广泛地收集各种资料，综合运用各种方法（包括质的方法和量的方法）与分析技术，对复杂情境中的现象进行深入探究的研究方法。

1. 个案研究法的基本概况

（1）个案研究的特点。学者林佩璇结合国外学者的看法，归纳出个案研究的七个特点：整体性、经验理解、独特性、丰富描述、启发作用、归纳性、自然类推①。潘淑满也给出了个案研究的四个特点：在自然情境下探讨问题、深入式的研究、重视脉络的观点、建构理论②。乔伊斯·P.高尔等认为个案研究主要有以下特点：对具体事例的研究、对个案的深入研究、在自然情境中对现象进行研究、代表双重视角（包括研究者视角—他位视角和参与者视角—本位视角）。

从上述文献回顾中，可以窥见，国内外学者主要是从个案研究的研究对象、研究内容、研究方法、研究过程几个方面来概括个案研究的特点，均强调研究对象的独特性、研究内容的深入性、方法的综合性以及在自然情境中进行。

（2）个案研究的分类。根据不同的划分标准，个案研究可以有多种类型。依据个案数目的多寡划分为：单一个案研究和多重个案研究。罗伯特·K.殷依据研究的目的将其划分为描述型个案研究、解释型个案研究和探索型个案研究，并提出还可根据研究目的和个案数量交叉将个案研究划分为6种类型，无论单一个案研究还是多重个案研究都可以分为描述型、解释型或探索型三种。斯特克依据个案研究的特性将其划分为本质性个案研究、工具性个案研究、集合性个案研究。贝希则从研究方法的角度，将个案研究分为下列三种类型：理论探求、理论验证的个案研究，故事讲述、图画描述的个案研究，评价性个案研究。

依据的角度不同，个案研究就有多种类型，但它们之间并不是相互独立的。理论探求、理论验证的个案研究与探索型个案研究相近，故事讲述、图画描述的个案研究就如同描述型个案研究。在实际的研究当中很少单独运用一种类型的个案研究，而是将几种个案研究结合起来实现优势互补。

2. 个案研究法的实施程序

罗伯特·K.殷从人类学、社会学的角度提出个案研究的实施程序：确定问

---

① 林佩璇. 林纾翻译研究新探［J］. 福建师范大学学报（哲学社会科学版），2003（2）：96-100.
② 潘淑满. 社会个案工作［M］. 台北：心理出版社，2000.

题、设计方案、收集数据、分析数据以及撰写个案研究报告。另外一些学者立足于教育研究视角,提出个案研究法的程序,首先要确定个案,对个案的现状进行评定,收集个案资料,整理分析资料,对个案进行补救、矫正与发展指导,再进行追踪研究,最后是撰写研究报告或论文。

在我们看来,不同领域的个案研究程序虽然有所不同,但无论哪种类型的个案研究都必须要有确定研究问题、选择个案、资料的收集与分析以及撰写个案研究报告。

(1)个案的选择。关于个案样本选取,我们认为,样本选择的首要标准是能从样本中获得最大的信息。罗伯特·K. 殷也建议,研究者在选择个案的时候要坚持关键性、独特性和启示性的原则。迈克尔·巴顿把个案研究者选择个案的步骤描述为目的抽样,旨在选取能够提供和研究目的相关的丰富信息的个体。

(2)收集方法。关于资料的收集与分析,我们引用几位专业学者的做法,供读者们参考。

罗伯特·K. 殷总结出了六种资料来源:文献、档案记录、访谈、直接观察、参与性观察和实物证据。莎兰·B. 麦瑞尔姆介绍了四种收集质化数据的技术:观察、访谈、文件分析、网络资源。

罗伯特·K. 殷和莎兰·B. 麦瑞尔姆总结的是质化数据的来源与方法,实际上个案研究要收集的不仅涉及质化数据,还涉及量化数据。一些学者提出可以通过问卷法、测验或其他自陈测量、投射技术等方法来收集量化数据。近年来,又有学者通过游戏技术法、投射技术法等来收集数据。个案资料的收集应将量化与质化两种方法结合起来,才能得到充分而有效的资料。

(3)分析技术。资料分析包括检查、分类、列表、检验或将定性与定量资料结合起来证明最初提出的理论假设。要注意,资料分析有三个层次:第一是描述性分析,即叙事;第二是类别构建,通常是通过不断比较的方法构建起来的;第三是理论建构。多重个案研究具有自己独特的"层级",包括"个案内"分析和"跨个案"分析[①]。

近年来,也有些学者为定性数据的分析开发出了一些软件。例如,澳大利亚的 QSR International 公司开发的 Nvivo,它是一种功能强大的质性分析软件,能够有效地分析多种不同的数据,如大量的逐字稿文字、影像图形、声音和录像带数

---

① Merriam S. B.. Qualitative Research and Case Study Applications in Education. Revised and Expanded from "Case Study Research in Education." [J]. British Educational Research Journal, 1998, 41 (2): 287 - 302.

据，是实现质性研究的最佳工具。Nvivo 通过一个强大的智能应用程序将质的分析和观察带到了一个全新的层面，能够帮助使用者管理、定型和分析几乎任何语言的任何信息，Nvivo 将成为质性教育科研的好助手。由于技术原因，这些软件只能进行一些简单的次数统计。若要提取更丰富的信息，还有待开发更先进的分析软件。

目前，研究者们提出了各种个案研究的分析技术，也开发出了一些软件，但其理论性较强，不易操作，致使许多个案研究法的使用者仍然不知如何分析资料，面对收集的众多材料仍不知所措。个案研究资料如何才能有效地分析，这也是我们需要进一步思考的问题。

（4）个案研究的信度与效度。我们通过个案研究的信度和效度来确保个案研究的品质。个案研究人员不同的假设使他们对怎样归纳和评定个案研究成果的信度和效度产生不同的观点。我们支持罗伯特·K. 毅和莎兰·B. 麦瑞尔的方法，即使用建构效度、内在效度、外在效度和信度来判断个案研究的质量。

然而，有些学者反对客观了解现实的实证主义假设，这时信度和效度就成了问题。在考虑该问题时，有些研究人员得出传统的信度与效度观念不能运用于个案研究的资料与诠释中的结论如解释性研究人员采用善辩、真实性、可信性和相关性的标准。

3. 研究反思

关于个案研究法的使用，我们有下面两点体悟：

（1）个案研究的代表性问题。长期以来，问卷调查一直是主流研究方法，个案研究则备受争议。人们常常会提出这样的疑问：对个案进行的研究，能有代表性吗？能有多大的代表性？代表性问题成为个案研究方法遭受批评最多的问题，也是国内外社会学界至今尚未完全解决的问题。

在我们看来，个案研究并不一定要求个案具有代表性，关于个案研究的代表性问题其实是"虚假问题"。所谓代表性，指的是样本能够再现总体结构和属性的程度。任何样本的出现都是以样本总体的范围和边界是清楚的为前提的，也就是说，样本是从研究总体中以某种规则抽取出来的。抽取样本的目的，就是以经济、较少投入原则来达到对总体的认识①。为了达到这个目的，样本就必须具有代表性，这样才能再现总体。然而，个案研究没有明确的研究总体，或者说，研

---

① 苏芳，黄江明. 质性研究设计与写作的若干策略——"中国企业管理案例与质性研究论坛（2012）"会议综述[J]. 管理世界，2013（2）：136-140.

究总体的边界是模糊的,个案也不是统计样本,所以它并不一定需要具有代表性。关于个案研究代表性问题的争议,其很大程度上是由于研究者在研究的实际过程中,把调查研究中样本的代表性带入了个案研究中,将个案研究等同于调查研究了。

(2)个案研究结论能否进行推广。另一个对于个案研究的质疑是关于个案研究结论能否推广的问题。人们进行一项研究更多的是关注研究结论的推广度,极少有研究者只谈论个案本身,他们往往具有更大的抱负。即使那些在我们印象中主张特殊主义研究范式的学者,也并不排斥概括。那么个案研究结论能进行推广吗?如何才能将个案研究结论扩大化呢?

我们总结了长期以来人们处理该问题的几种途径:①个案研究可以通过个案的联结来实现推广,也就是通过描述大量不同类型的个案,以便能够较完整、深刻地反映整体的状况,进而实现推广。②个案可以做类型学意义上的推广,也就是说,个案不仅要说明它自己,也要说明与它属于同一类型的其他个体,就如同解剖一只麻雀就可以知道天下所有麻雀的身体结构一样。③个案还可通过读者的认同实现推广,即读者在阅读过程中,把个案与自己的经验进行对照,接受一致的内容,从而实现推广,究竟个案研究结论是否适用于其他个案或现象且适用的程度有多大,需要读者自己的判定。

§3 质性资料分析"五步曲"

质性资料分析相对于量化研究的统计软件,通过理论与资料的辩证思维,可以修炼耐心、专注与思考,并学习解读出数据背后的智慧。数据分析表格是一种知识物件(Epistemic Object),也是一种行动物件(Activity Object)。

我们专注于质性研究,此方法其中一个关卡是质性数据分析。或许有人会提出疑问:质性研究的资料要如何分析呢?下面,我们将自己的经验与大家分享。

通常,结束质性研究访谈后,研究者最常遇到的一个状况就是——惰性,根本提不起整理资料的干劲儿,随手将录音文件、田野笔记等原始资料往桌上一扔,就晾在那三五天,甚至更久都懒得去碰触它。

为什么研究者会出现这种现象呢?我们会有这样窘境的原因有二:第一,脑中一片空白,不知道如何下手。第二,知道所花的时间很久,所以懒得去整理。

此时，我们建议可以运用"千鲸法"①，每天一小步，做一部分，以解决上述这两种情况。但我们猜或许还是会有小部分人无法克服，不知道从何下手。于是，我们将个人质性数据分析的经验以及和与研习社讨论的结果，整理出质性资料分析"五步曲"与大家分享。

在此，我们必须先提醒这"五步曲"只是用来指引我们一步一步往前走的路标罢了。如何分析数据质量的好坏，取决于研究者是否在分析过程中思考，以及对于现象持续地追问。换句话说，这"五步曲"称不上质性研究的标准作业流程（SOP）②；也并非只要跟着做，数据就可以分析得很好。总之，最重要的还是研究者在分析过程中能不断地思考并追问。资料分析"五步曲"具体如下。

一、首步曲：将访谈整理成问答形式的逐字稿

质性资料分析的第一步是将访谈录音档整理成问答形式的逐字稿。首先，我们从录音带和田野所做的笔记，听录音文件交叉比对后，把资料整理为问答形式的逐字稿。但整理逐字稿时，请务必尽量忠于受访者（如创业家、工程师、顾客与设计师等）所提供的数据，切勿主观地修改或诠释，以免影响研究的真实性与可信度。其次，即使整理出来的问答形式的逐字稿已经成为分析的基本素材，我们仍然不能过度以研究者的视角去诠释、解读资料，或刻意地删除研究者不喜欢的资料。换句话说，研究者不能以太主观的想法去解读受访者所提供的数据，而是需要以客观的角度去整理逐字稿资料。

二、二步曲：将逐字稿转化为意义单元

质性资料分析的第二步是将问答形式的逐字稿转化为意义单元（Meaning Units）。接着，我们会仔细阅读逐字稿数次，以画线、订关键词的方式反复阅读逐字稿，试着将问答形式的逐字稿分段落并改写成为可阅读的意义单元。这时，我们依然得保持以下原则：尽量依照受访者的数据顺序进行整理，以便还原或重现出整篇访谈稿的全貌。

---

① 千鲸法：将鲸鱼切成千等分，一天一份终能完食。
② SOP：Standard Operating Procedure 三个单词中首字母的大写，即标准作业程序，就是将某一事件的标准操作步骤和要求以统一的格式描述出来，用来指导和规范日常的工作。

三、三步曲：将意义单元整理为受访者文本

质性资料分析的第三步是将意义单元整理为受访者文本，我们习惯把它称为"故事化"，即将意义单元转化成容易阅读的故事文本。我们会根据意义单元加以归纳，重新组织这些意义单元，以便将片断形式意义单元重组，成为以受访者为主轴的故事文本，可以称此故事文本为"受访者文本"，重点就是以受访者为主轴的故事。例如，可以依照时间顺序整理事件、类别、人际关系、形态或过程，将故事进行呈现。

四、四步曲：将受访者文本（故事文本）发展为研究者文本

质性资料分析的第四步是将受访者文本（故事文本）发展为研究者文本。此时我们需将理论带入故事情节当中，将受访者文本呈现为蕴含理论意义的故事文本。这时，我们会根据理论改写故事文本，以便读者理解、感受真实资料背后的意义，成为以研究者为主轴的故事文本。此研究者文本即是将来论文中的"研究发现"的内容，这也是研究者以理论讲故事而得到的资料呈现方式。

五、五步曲：从研究者文本撷取出研究发现

质性资料分析的第五步是从研究者文本中撷取出研究发现与论点及讨论。在这一步骤中，我们会重新定义研究问题以构思研究发现与讨论，并使其前后能符合一致性的要求。研究发现可能是现象背后关键因素型态（What）、过程（How）以及底层结构的因果关系（Why）。例如，解决问题背后是运用处境中的"物件"进行适应性学习与跨界合作，其历程涉及定义问题边界、协调责任边界与发展全然的理解等三种实践①（Hsiao 等，2012）。

总之，本书按照质性资料分析的方法，从访谈、逐字稿、意义单元、受访者文本、研究者文本、研究发现的资料分析步骤，逐步发展出有深度的研究发现（见表4-1）。研究者通常会以资料分析表说明整个分析的过程。

---

① Du T., Liu M., Seghi S., et al. Piezoelectric Actuation of Crack Growth Along Polymer – metal Interfaces in Adhesive Bonds [J]. Journal of Materials Research, 2001, 16 (10): 2885-2892.

表 4-1 质性资料分析步骤

资料分析步骤	说明	具体技巧
进行田野访谈	田野的深度访谈	田野笔记、写日记、录音、思维导图
整理逐字稿	Q&A 形式的文本	听录音稿、制作录音稿 Index、讲故事
组织意义单元	Q&A 变成意义片断	画线、关键字、分段落、思维导图
探究受访者文本	受访者的故事	重新组织（依照时间、人事时地物）
发展研究者文本	研究者介入的故事	以理论角度讲故事
获致研究发现	故事让我们看见	从故事回答 What、Why、How

六、数据分析的反思

我们觉得质性数据分析，是个有趣又很有挑战性的分析过程。首先，这"五步曲"当中第一步至第三步的用意是，研究者要设法让资料说话，也就是以客观但又具创意的方式去呈现资料，而非主观地操作数据或刻意地污染数据。此时，我们应该要找到一个说故事的架构，然后慢慢地去铺陈故事的情节与脉络，精彩地呈现这些真实的数据，但又不脱离故事的真实性，让读者能够清楚地知道研究者想要表达的真实故事内容；让读者读懂受访者的心态、想法与故事。

其次，"五步曲"中第四步至第五步的用意是，研究者要带入理论角度，而非生搬理论架构或以资料硬套既有的理论，使其能思索理论与资料的差异性与开创性。换句话说，研究者透过理论与资料的对话，借助理论的角度看穿故事的本质，进一步用故事深化理论见解，让读者感受到研究者带来的新见解。

事实上，这"五步曲"只是资料分析的"招式"罢了。初学者可以依据这些"招式"练功，然而，更重要的是，经过反复地练习熟练后，就要忘了这些"招式"，而汲取其中思辨的精髓，能快速地掌握质性资料分析的重点，大大地提升自己的研究效率与深度。

§4 资料意义开采三要诀

我们觉得质性数据的分析是一种去除"我执"的修炼过程。通过放空地"读"、觉知地"写"、层次化地"铺陈"，可以开采出见所未见的意义。

质性资料的分析究竟该经过什么样的历程呢？这是从事质性研究的人很难通

过的关卡之一,也是很多人想要知道的技巧。最近我们在讨论中得到一些体会,习得了一些数据分析的知识与经验。

这个经验提醒我们,数据分析原来是这么细致的历程。它不是机械式、线性地读、写、构思,而是读、写、构思背后的深度思维与角度的弹性转换。也就是看到并拿掉研究者自己"我执"的修炼,才能开采现象或数据更深层的意义。我们从讨论中得到的体会是:"原来从数据长出概念(Constructs)不是这么容易,它不同于数字的逻辑,而是一种语意的逻辑。也就是数据分析过程中,我们对于数据不像是1,2,3……这种客观数字直接的运用,而是从脉络中推敲、细心思索数据意义的自我对话。"这大概就是解读数据的历程。

我们试着从这个经验中萃取出数据分析的三要诀:第一,放空地读;第二,觉知地写;第三,层次化地铺陈。以下说明,是我们将经验外化为外显知识的过程。

一、放空地读

当研究者阅读逐字稿时,我们常犯一种错误,就是带着自己的执着或既定的角度来读文本。所以,"我永远是我",读文本只是一种数据分析的形式;换句话说,研究者再怎么读文本,也都只是读出自己思维的框架。因此,解读资料出来的意义,也就只是研究者先入为主的观点。这也是我们一直对资料的感觉不够细致,无法深入开采出资料深层意义的痛处。

为了开采出数据的深层意义,我们应该放空地读逐字稿。换句话说,访谈之后的初期处理阶段,我们应尽量让数据说话,不要从"我执"的角度去阅读逐字稿。读逐字稿时,要时时提醒自己:不要被既有角度绑住,也不要过度诠释逐字稿的意义。更要自问:这到底是我们的主观看法,还是受访者的意思?

二、觉知地写

当我们读过逐字稿后,接下来开始写受访者文本,这是研究者站在受访者角度,重新再现数据的写作历程,也就是将逐字稿转译为研究者的故事。当我们写受访者文本时,要时时觉知写作的角度与关系,否则就可能会犯两个错误:第一,研究者常常过滤了现场脉络,以个人的角度、看法去捞资料。第二,研究者无心却刻意用了因果关系重新去组织逐字稿。这两个错误可以说明研究者污染了数据。

例如,"因为创业者不服输的心态,所以去创业"。但是从故事脉络中,并没有这种强烈的因果关系,而是一种且战且走的过程。换句话说,这样的因果关系是研究者以个人的角度诠释的结果。

因此,我们可以试着用第一人称的方式再现逐字稿,也就是站在受访者的角度再现故事。所以我们用觉知地写来说明。可是,该如何觉知地写呢?我们认为,要一边撰写、一边自问:这是受访者的意思,还是研究者的意思?当研究者能时时觉知写作的角度时,就可以体会"这样写合乎逻辑吗"的意义,届时自然可以提升研究的真实度与合理度。

三、层次化地铺陈

资料分析、开采意义要能见所未见。其关键就是要能从数据中萃取构念,再将构念抽象化成为根本论点,也就是现象背后的本质,或所谓的底层运作结构。所以,我们称之为层次化地铺陈(Framing)。

简单地说,这个阶段从故事深化理论,也就是开采数据的意义,转译为抽象化的理论。例如,首先,研究者能从资料转译为意义;其次,从意义层次化为构念;最后,构念又层次化为论点。

因此,层次化铺陈的历程是:资料→意义→构念→论点的铺陈,即研究者能不能从资料撑出令人未知的论点。李庆芳教授在讨论中用了一个比喻说明资料与论点的关联性:"我们在一堆沙(数据)中,盖了一个城堡(论点);而实际上这些沙子的本质(数据)却根本离不开城堡(论点)。"

四、读、写、铺陈之关键,终究回到思维

我们认为,质性数据分析的关键还是实践,也就是动手做、用脑想;在一次又一次的边做边学中感受读、写、铺陈过程中的体会。我们的提醒是,还是要通过思维才能放空、才能觉知,也才能有创意地层次化铺陈。这有点像在"空"与"有"的修炼轮回里,不断调适自己的角度与受访者的角度。换句话说,在此过程中要不断地自问:这到底是受访者的角度、还是我们(研究者)的角度呢?

质性研究的六项修炼

§5 叙说的力量

叙说可以产生力量,本书说明叙说得以觉知、想象、解放,最后找到自己。质性研究中的每一个阶段,都少不了叙说的成分。这是我们在台湾实践大学参加质性研究方法讲座时,得到的启发和感想。整个讲座令我们印象最深刻的一句话就是演讲者说:"叙说是自然的天性。"那是一种不矫作的态度,而一件事情要说什么,怎么说,或者是不说,都算是一种叙说。换句话说,我们可以从脸部表情、肢体动作这些细微的动作,观察到他人想要传达出来的信息或者是自我想要表达的事情。因此,我们借着这个机会,与大家分享在当天的讲座上学到的三件事:叙说得以觉知、叙说得以想象、叙说得以解放。

一、叙说得以觉知

我们认为,叙说的第一个功能为叙说得以觉知。当天配合讲座内容,播放了一部有关人性的影片,影片的内容大致上是说人和人之间就像一个齿轮,都互相卡得死死的。我们的解读是,我们其实都在为别人产生利益,渐渐迷失自我的主导权,即失去自我的主体性。

之前看到一句话:"只要有人,就一定会产生关系;只要产生关系,就会发生交易。"即交易这件事情,是可以通过金钱来完成目的的。我们也曾访谈过一位创业家,他说:"只要有人,就会产生关系;只要产生关系,就会出现交易;有交易,就一定存在着赚钱的机会。"

换句话说,如果我们不想清楚自己的人生都在做些什么,那么,我们都在为别人产生利益而不自知,到了最后就会渐渐失去自我。这样的生活其实是很盲目且没有头绪的。因此,我们必须通过不断地叙说,以觉知自己到底在做些什么、忙些什么,能从中得到些什么。

所以,我们要养成一种习惯,就是对自己叙说。过完了一天,睡觉前向自己报告(叙说)今天发生的几件事,并想清楚为何今天会这样,接下来我们要怎样。例如,我们每天试着养成习惯找三件事解读、反思三件事、感谢三个人。另外,我们也养成画思维导图的习惯,定期翻看思维导图,练习叙说,借此工具不仅能加深我们的记忆,也能经常总结心得与迸发灵感。

二、叙说得以想象

我们认为,叙说的第二个功能是叙说得以想象。以电视节目《中国好声音》为例。其中,有一位来自中国台湾的参赛者张玉霞,她声音的甜美度、细腻度都和著名歌手邓丽君极为相似,但她是位盲人。很多人在还没见到她的面貌之前,仅以声音猜想她是一位身材曼妙、长相甜美、皮肤白皙的女生。但庐山真面目揭晓后,台下的观众都展现出难以置信的表情,发出啧啧称奇的惊叹声,更有少数的失望声。这种经验就像在听广播一样,我们虽然看不到广播者的长相,但总能从声音变化的抑扬顿挫中,揣想说话者的脸部表情、肢体动作。

我们想要在这里和大家分享的是,从此案例解读学到的意义有两点:第一,叙说不一定只能靠文字表达,声音、影像、摆设、穿着打扮等都是很好的叙说方式。换句话说,叙说有多种方式,只是研究上常用文字来叙说。第二,文字叙说必须产生画面。我们回到文字叙说部分,假设今天用文字去叙说的话,若读者马上就能产生画面联想,那么基本上,我们认为这是一个相当成功的述说。因此,我们认为叙说得以想象。

叙说得以想象有两个意义。首先,它和所谓的"右脑思考"是相吻合的;也就是说,叙说表达→画面产生→心有所感,这也是一种"右脑思考"的练习。其次,现在的社会过于线性和理性思考,导致人与人之间的疏离感产生,不知变通。因此,我们如何透过叙说让我们的社会多一点感性,多一点人性的温度,这种真诚的社会,可以增加社会的幸福感。

三、叙说得以解放

我们认为,叙说的第三个功能是叙说得以解放。人们通过人际关系、工作关系使得人们的关系不断地纠缠串联和缠绕。换句话说,人其实都生活在作茧自缚的窘境中。因此,我们必须利用叙说的方式,把这些相互缠绕的结解开。

例如,医生有时可能会面临一些重症病人,他会因无能为力而感到些许的无助。可是,当他面对手术台上麻醉后的病人躯体,又必须产生一种"自己是全能医生""我们什么都能做"的自信。这即是靠叙说的方式说服病人、也说服自己,从这些缠绕的关系中解放出来。

回到我们自己身上,当我们面对当前教育脉络的不确定性,加上教学的压力、研究的压力、评职称的压力时,也是相当的焦虑、无助与恐慌。我们便试着从质性研究方法中学习叙说，将压力从中解放出来。事实上，唯有通过自己富于智慧地叙说，才能从繁忙的生活节奏中，把自己释放出来。因此，我们认为叙说是一种人人都应该学习的自我解放的工具。

§6 研究流程五环节

本节谈研究方法，是想为研究者指明质性研究的历程。研究方法清晰，可以让研究者在质性研究过程中事半功倍。本节我们用五个环节回顾一下之前的内容。

一、第一个环节：研究方法与个案说明

文章开始首先要说明本文的研究方法，以及为何要采用这种研究方法。例如，我们常用下列方法说明：本研究采用诠释型个案研究，这是一种透过理论角度，解读案例背后的本质或运作的底层结构。为何采用这种研究方法呢？本文的研究问题是……

其次说明为什么挑选这个案例。例如，我们想研究为何"知识管理项目"如此成功，于是我们挑选这家个案公司，公司不仅导入知识管理项目，而且年年得奖，而其所管理的专业知识却也相当艰涩、复杂……

总之，质性论文首先要交代研究方法、研究问题与个案三者的关联性与合理性。通常，这部分也可以顺道带入个案背景、个案描述与产业概况。笔者个人常用的关键性提问是：①本研究用何种研究方法？②为何要采用这种研究方法？③为何要选择这个案例？

二、第二个环节：资料收集的过程

收集资料（Data Collection）这个环节包含两个部分：第一，资料的来源；第二，资料收集的过程。

数据源指资料的出处，如初级数据或次级数据。我们用下面的示例加以说明：本研究的数据源有三：第一个来源是公开的产业资料，包括网页、新闻、报纸；第二个来源是个案提供的公司数据，包括知识管理推动方案、奖惩办法、知识文件等；第三个来源是访谈，我们访谈了63人次合计87小时……

资料收集的过程中，首先，研究者必须交代访谈谁，为何是这些人。例如，探究"公司策略性方向"时要问高层管理团队，假若我们却访谈第一线员工关于策略的议题，就可能不对；除非我们有特殊的用意。其次，我们访谈了几个人、几次或花了多少时间（人、次、时间），这些信息可以说明研究的真实度与数据可能的深度。最后，是关于访谈的详细历程，包括"人事时地物"的说明。例如，在上班地点、上班时间的公司会议室，每次访谈2.5~3小时不等、可不可以录音，我们的访谈问题有5个主题，我们与受访者互动的状况等脉络。

总之，研究者必须诚实交代研究的数据源与收集资料的过程。在这一环节，我们觉得比较重要的提问如下：①数据源有哪些渠道？②我们如何收集数据？③何时、何地、问了谁、问几次、问多久、问什么问题，采访的过程又发生了什么事？

三、第三个环节：资料分析的历程

资料收集之后，我们需要处理它、分析它，然后得到论文的研究发现。通常，我们会以"步骤式"说明资料蜕变转型为研究发现的过程，例如，我们如何从录音档转换成问答形式的逐字稿、意义单元、受访者文本。接着，我们用何种理论角度与数据对话，又来来回回了几次；最终才得到论文的研究发现。若是采用扎根的研究方法，研究者则会说明如何经过"开放性议码、选择性议码、主轴编码"的历程。

总之，我们要交代如何从所收集的数据，经过分类、故事化、与理论对话到产生洞见的分析过程。不同于量化研究的SPSS、SAS等统计软件的数据分析历程，质性研究的数据分析要依靠脑袋的思维；因此，我们必须详细交代"思维"的历程。在这一环节，我们需要回答以下问题：①数据是如何变成故事素材、故事的？②我们采用什么理论观点？③数据与理论如何对话？④如何形成的这样的新洞见？

四、第四个环节：数据呈现

质性研究的第四个环节是"数据呈现"（Data Presentation）。简单说，这是指故事或研究发现的呈现手法，也就是研究者如何说故事。例如，有些人喜欢用叙事文、论述文、传记文。

首先，有些故事的呈现是回答什么（What）的问题，像以故事方式说明并呈现三种类型的创业家:"理性分析型、感性直觉型、永不回头型。"

其次,有些故事的呈现是说明如何(How)的问题。例如,以过程(Process)方式说明创业是一个生命展演的开创学习之旅,研究者用故事说明开创中遭遇什么问题,如何学习而解决问题,接着又衍生出另一个问题,创业者又如何克服,又产生新问题……换言之,以过程手法呈现创业者的开创之旅。

最后,有些故事的呈现是说明为何(Why)的问题。例如,以故事的脉络(Context)说明因果关联性得以发生的情境。

数据呈现是研究者对于数据分析、加值后,所呈现的故事形态。这就好像厨师以摆盘、装饰去准备好一道菜,或一部电影呈现在观众眼前的方式,或一件文创商品呈现出的光泽、形态与技法。在这个环节中,我们需要回答的问题如下:①我们要如何讲故事,哪些先讲,哪些后讲?②我们想回答的问题型态是What、How、Why哪一种?

五、第五个环节:质性研究赏析

研究方法的第五个环节是"质性研究的赏析"。坦白讲,这个部分在研究方法中可有可无。有些研究者会在研究方法这章的最后,顺便自己检视这个研究是否符合真实度、合理度与批判度的标准[①];同时,也说明如何进行研究以符合这三个标准。根据李庆芳教授的意见,我们最好能回答以下问题:①本研究是否符合真实度?②本研究是否符合合理度?③本研究是否符合批判度?

---

① Golden – Biddle K., Locke K.. Appealing Work: An Investigation of How Ethnographic Texts Convince [J]. Organization Science, 1993, 4(4): 595–616.

第五章 第三项修炼：文献脉络

§1 理论脉络修炼

当我们一直深化一个理论角度，就会浮现新的理论发展，不用太担心理论会过时的问题。我的研究生常常会问我："如何找到理论角度？""如何建构一个理论脉络？"当我们看到一个有趣的现象、具有现实意义的问题时，到底应该从什么样的角度来解读这个现象呢？究竟要如何找到适当的理论角度呢？这是想做质性研究的硕士生、博士生们最容易感到困扰的问题。

在此，我们想与大家分享李庆芳教授在质性研究过程中总结出的三个策略，希望能帮助大家在研究过程中找到恰当的理论角度。第一个策略，找到关键一篇；第二个策略，找主题（找社群）；第三个策略，找领域的大师。

一、找到关键一篇

第一个策略是找到关键一篇。首先，我们假设的前提是当我们在做质性研究之前，已经有了初步的故事，或是我们已经做了一些田野调查，可以回顾一下原有的问题。当我们不知道要用什么样的理论来解析这个问题的时候，可以使用"找到关键一篇"这个方法。这个关键一篇要从哪里得到呢？

其实，"往前追"和"往后溯"都是文献追溯法的具体体现。追溯法是指不利用一般的检索工具，而是利用已经掌握的文献末尾所列的参考文献，进行逐一地追溯查找引文的一种最简便的扩大文献来源的方法。它还可以从查到的引文中再追溯查找引文，像滚雪球一样，依据文献间的引用关系，获得越来越多的内容相关文献。

我们通过"往前追"就是去搜索每一篇文献后的参考文献，当已经确认这篇文献与我们的研究密切相关时,再一次精读这篇文献,并去找其参考文献,然后,筛选五篇与我们的研究方向较有关联的文献。该怎么去筛选呢?在精读的过程中,可以查阅论文后面的参考文献,根据参考文献的来源、发表时间、被引及下载次数,来锁定五篇重要文献。这些重要文献文末也有参考文献,仔细观察这五篇文章的参考文献,交叉比对后就很有可能会发现有一篇文献是五篇之中都使用到的,那这一篇应该就是所谓的"经典"。事实上,当我们在找共同点、追踪这些文献时,我们已经抓到了一条理论脉络的起源。

那什么又是"往后溯"呢?假设我们找到一篇2012年的关键文献后,这个文献便可以再提供新信息:后续是谁又引用了这篇文献?这关键的一篇此时会变成后续研究者的参考文献,可以去往后追溯文献的后续发展状况。由此梳理出整条理论脉络的发展历史,可以经由这个方式去建立起我们的理论脉络。

二、找主题(社群)

第二个策略是找主题(社群)。通常一个主题背后代表了一个学术社群,有一群人在关心这个学术主题。当我们找到了一群人所关注的主题,就可以去追踪这一群人,在这一群人之中找到一个或数个代表人物。这时,我们可以研究他们所撰写的文章,就会知道这个学术社群所讨论的主题是什么,所用的理论又是什么。我们可以通过参加学术会议去找到这群人或是这个主题,也可以通过中国知网等论文数据库去查看这些人所发表的文章,关注他们如何发展主题,用这样的方式也可以找到一条理论脉络。举例来说,笔者最开始研究的领域是"品牌管理",后来,笔者参加了一个国内的学术会议,发现大家都在谈论"品牌延伸"。然后,凭着个人兴趣,笔者在阅读过程中一直追踪其后续发展,逐渐了解到"品牌纵向延伸""品牌横向拓展""旗舰品牌大众化""大众品牌高端化"等研究主题,丰富了自己的理论脉络。

三、找领域的大师

第三个策略是找领域的大师。李庆芳教授在早期接触质性研究时,关注到在质性研究中有名的学者Orlikowski[①]。Orlikowski是这个领域的大师,所以李庆芳教授一直去追她的文章。我们在接触质性研究时,国内做质性研究的学者不多,

---

① Orlikowski W. J.. Sociomaterial Practices:Exploring Technology at Work [J]. Organization Studies,2007,28(9):1435-1448.

北京大学的陈向明教授和南京大学的风笑天教授是比较有代表性的两位。追踪他们撰写的相关文章和书籍，对我们自己形成理论框架有非常大的帮助。其实，每个专业领域都有几位大师学者。我们可以以大师为中心发展理论。换言之，我们在关注和追踪几位大师的过程中，无形中追出一个理论的进展过程。

以上这三个找到理论脉络的策略，虽然切入点各有不同，但我们在使用上可以把它糅合互补，灵活应用。例如，由关键的一篇得知相关领域的大师，接着就关注和追踪这位大师；或者，找到已知大师的关键文章，"往前追"和"往后溯"。

§2 参考文献里的五个秘密

研究者撰写论文时，必须引用其他文献来佐证或参考。研究者大多参考哪些文献的内容，来找出其中与自己研究的关联处，甚至研究者的概念源自于哪些文献，都可以从中看出来。下面，我们将分享藏在参考文献中的五个密码。

一、参考文献，也有"正、反、合"

研究者长期对某个领域进行研究，会形成专业领域，因而在论文后面看到文献便一目了然，知道它在论述什么内容，也能判断出关于研究主题的"正、反、合"三面。何谓"正、反、合"？以营销管理的领域为例：消费者与厂商，早期的菲利普·科特勒在其畅销书《营销管理：分析、规划与控制》中从厂商出发，提出4P理论，即产品（Product）、价格（Price）、渠道（Place）、促销（Promotion），从正面考虑如何通过营销管理提高企业绩效。1990年，美国学者罗伯特·劳特朋（Robert Lauterborn）教授在其《4P退休4C登场》（New Marketing Litany：Four Ps Passé；C-Words Take Over）专文中提出了与传统营销的4P相对应的4C营销理论，即顾客（Customer）、成本（Cost）、便利（Convenience）、沟通（Communication），从反面重新设定了市场营销组合的四个基本要素，认为营销理论以消费者需求为导向。"合"不是"正"与"反"的相加而折衷，它是跳脱既有的思维框架，迈向更深层的机制。即不单纯站在消费者或厂商某一边，而是辩证性思考的过程。当研究者具备了专业，心里对研究有问题意识，自然能看出参考文献暗藏"正、反、合"的秘密。如果没有问题意识，那参考文献终究只是参考文献,并不能凸显出它的价值。期刊审查人也可以根据研究者引用的参考文献判断文章是否有"正、反、合",引用哪些正面的文献,又引用哪些反面的文献,来判断研究者是否读对了文献[①]。

二、有几篇文献,就有几个好标题

研究者经常为研究问题的确定而苦恼,尤其对初学研究者更是难上加难,其研究问题大多是文章的标题。这一点我们深有体会,每到学生们开题答辩的时候,总能看到一大堆相似的文章标题,出现这种情况很大程度上是因为他们的标题都取得非常大,如《移动互联网背景下消费者网购行为研究》,看起来涵盖的内容十分广,不像是一篇本科或者硕士论文能够包含的内容。另一种情况则是十分具体却非常无趣,看完标题基本上就了解了其研究模型,很多情况下这些模型又是常识性的,坦白来说,这时我们已完全没有了往下读的兴趣。

其实对于初学者,可以去参加各种学术会议或论坛,阅读列满论文标题的研讨会手册,除此之外,我们有一个小建议,那就是留心文章后面的参考文献,直接在参考文献中找寻主题。一篇文章后面所列的数十篇参考文献,其实就藏着20~30个研究问题,再加上它们之间本就有一定的关联性,更可以将其作为研究者订标题的参考方向。

当然,直接借鉴别人标题的做法有点过于简单粗暴,更重要的是我们要学会思考。选定一个标题后,积极思考"作者为什么定这个主题",再拿出独特与有趣两把"利刃"去刺探它,思索"他的标题是否独特、有趣,我们又该如何订标题"。所以,研究者继续关心参考文献,不仅能厘清研究主题,再配合"正""反",或许就能对于定位出自己的"合"产生自己的想法。但不要心存模仿,将研究标题订得与"正""反"类型的文章雷同、相似,否则选题可能就不独特、不有趣了。

三、串起文献的理论脉络

前段时间,我们阅读了《管理世界》期刊中一篇名为"对营销定义的修正:从交换到价值创造"的文章。它的内容与我们做的价值共创研究有关系,我们便以此篇文章作为出发点,从它后面所列的参考文献中找到相关的几篇。再从这相

---

① Kellogg K. C., Orlikowski J., Yates J.. Life in the Trading Zone: Structuring Co‐ordination Across Boundaries in Post Bureaucratic Organizations [J]. Organization Science, 2006, 17 (1): 22–44.

关几篇论文的参考文献中继续寻找其他数据，经过这样一系列开枝散叶地寻找文献，我们便自然而然地清楚研究脉络的走向。例如，我们从 A 篇的参考文献中找到 B、C、D 三篇，接着 B 篇又可能找到 E、F、G，以此类推。这比起我们初期在数据库中大海捞针的经验，更有效率也更节省时间。

还有一种情况，A 篇引用了 B、C、D、E 四篇，经过我们串出研究脉络后发现，B、C、D 三篇文章也同时都引用了 E，这表示 E 的重要性，正是该领域研究者必读的经典文献。自然我们也必须在文章中引用 E 这篇经典之作。像关于价值共创的研究就一定会引用 Etgar na 与 Chankw 两位作者的文献。

每篇文献的时代背景都不同，不同时期的文献也反映了不同的思维，透过串联参考文献的方法，研究者能清楚该研究的演变过程，于是形成了一条研究脉络。但要找到一条研究脉络，初学者多半不知从何处下手。以我们的经验为例：研究者可找一篇距今最新、最近的文献，假设今年是 2017 年，就可以从近三年，即 2014 年、2015 年、2016 年找起，而选择文献的标准则以优质期刊为佳，看它的议题是否与自己的相关，是否有趣。选定一篇后，再从它的参考文献下手，研究它还引用过谁的文章，往后以此类推。善用参考文献，不仅可以串出一条研究脉络，还能建立自己的知识体系。

四、小心！文献也定位了你的作品

香港城市大学的窦文宇教授是中南财经政法大学特聘市场营销学科的楚天学者，他看了一位学生论文后面引用的参考文献后，便说："你的参考文献都引用《加州管理评论》与《哈佛商业管理评论》的文章，这些文章的属性较偏向实践导向，那评论者便容易将你的文章定位为偏实践的文章，而不是学术性的文章。"

窦文宇教授所说的，正是我们常提醒同学们在撰写论文时一定要注意的一件事，即引用参考文献会影响自己研究的定位。如果引用的参考文献来源很局限或者偏实践的话，无形中会使论文少了一点学术味道。不仅如此，参考文献还会定义论文的研究层次，许多同学的毕业论文常常引用一些其他硕博论文，甚至主文献都是如此，这就往往会让人质疑只是随便读了几篇文献应付了事。正确的做法是要尽可能多阅读、引用一些较高层次的文献，提升自己的论文"品位"。

五、不要忽视文献中的年代议题

引用文献的时候，既要有新的资料，也要有旧的数据，这又是为什么呢？一方面，研究者必须考虑自己所引用的文献是否太旧，是否不符合现在的情势，所以研究者要引用最新的文献，而且跟自己的研究密切相关；另一方面，也得引用很旧，但却很经典的文章，也就是该研究领域的源头。因为，研究者引用文献必须有个平衡，除了关心近代的发展趋势，也要追溯研究脉络的源头。既新又旧的策略，间接说明研究者对研究脉络的掌握度。

现在想想，好的研究素材其实就在我们身边。我们经常阅读经典，却对于参考文献这种素材麻木无感，或只运用其20%的价值，而忽视80%的潜藏效益。笔者对此有两点反省：第一，解读文献的秘密不仅可以看出作者的辩证思维，还可以协助我们确定研究题目、找出研究脉络，让我们站在正确的"巨人"的肩膀上。第二，当我们撰写自己的作品时，要注意文献引用的组合，包括引用"正、反"的文献、实践与理论、年代新旧的组合等。仔细地观察文献，解读文献里的密码，能使我们的学习更加高效。

§3 阅读文献的四个秘诀

一、认识作者

我们首要的功课是了解作者的生平背景、研究的主题与领域。我们的做法通常是上网去浏览作者的生平与经历。李庆芳教授更为仔细，一旦对作者有了初步的了解和认识，他会搜索并下载作者的图片，然后把作者图片与文章摆放在一起，通过先前步骤对作者的认识，想象自己正在和作者进行理论的对话。

值得一提的是，这个搜索过程可以帮助我们从作者发表的一系列期刊中了解作者的研究方向，粗浅地把握其大概的研究脉络。当我们看到一系列文章的标题或目录时，其实可以大概知道作者所持的观点是什么。所以，这个过程是在帮助我们认识作者，让我们用作者的思维来理解这篇质性研究的经典文献，进而去发现和深思，这是阅读文献的第一个秘诀。

二、确认研究问题

每篇研究都有一个独特的研究问题，研究问题一定要有趣或是重新去定义这个问题让它变成崭新的问题。在有些文章中，它的研究问题是明明白白、清清楚楚被写出来的，这个时候我们可以很容易找到；但有些文章会"故弄玄虚"，让研究问题不是那么显而易见甚至变得模棱两可，或者其实问题背后还隐藏着一些不明的问题，因而无法明确地看出这篇文章真正的研究问题。这时，就必须找出这篇文章的研究议题究竟是什么。

三、跳读摘要与结论

在阅读一篇文章前通常会先去看摘要与结论部分。因为在一篇优质的文章当中，其研究动机、研究问题和研究方向大部分会在摘要里完整地呈现出来，而我们便可轻易地从它的动机跟背景，了解到作者是如何去定义或定位这篇文章的。再者，可以试着先去看它的结论，当然有些结论会写得很平淡无奇甚至官腔；但优质的文章总会在结论时，让人的内心掀起新的波澜。这时，我们应该要去思考、去猜测这个作者要传达的是什么样的新观念；再加上已读了这篇文章的精髓——摘要、结论与研究问题，那我们也将轻易地把握作者进行推理演绎的主轴。

四、阅读时，持续提问题

阅读文章的过程中要不断地提问题，以自问自答的方式与作者进行对话。我们要从中找证据，去还原作者的推理过程与现场；也就是在厘清该作者的摘要跟结论后，去找寻作者的推理逻辑。

通过认识作者，确认题目与研究问题，跳读摘要与研究结论，并在阅读过程中持续提问，有助于我们快速把握文献的研究思路与研究方法。通过阅读文献，可以知道自己感兴趣的研究方向是否已经有人做过、同一领域其他专家学者研究到什么程度、还有哪些地方没有做、自己能不能做、是否值得做，从中也能看出自己从事的研究在学术界处于一个什么样的位置，以及我们做了之后是否具有什么指导意义，这对于我们而言是相当重要的。

§4 阅读文献的三个重点

一、有趣性和独特性

我们在选定研究问题时、需要考虑其有趣性和独特性。在阅读文献时便要注意以下几个方面的问题:这篇文章的选题究竟是什么?这个问题有不有趣、独不独特?为什么他要研究这个问题?这个问题能够吸引评审的注意吗?

二、推导的逻辑

我们在阅读文献时要注意分析文献中所列事例的推导逻辑。具体来说,包括以下几个方面:作者是否传递了一个好的故事?作者传达这个故事的目的是什么?作者是如何陈述的?资料是如何收集的?故事和理论是怎样进行对话与结合的?推论的具体步骤和逻辑是什么?

三、持续反思

我们在阅读文献的同时要进行持续反思。若我们阅读了10篇文章,但却从未进行反思的话,那只是在增加我们的知识基础而已,对知识的运用并不能有所帮助。所以,我们一定要想办法去找寻、去思考自己的研究与此篇研究文献有什么关联,这就是反思。要努力找到一个特殊观点或视角让这篇文献对我们的研究有贡献价值,这时,我们才是真正在阅读文献,与文献对话。

四、反客为主,不被文献绑架

许多研究生告诉我们,他们在阅读文献时,受到长期教育的影响,总是过分客观,一直追求作者的真实意念;这本身无可厚非,但这只是进行文献回顾的初级阶段,真正重要的是我们要学会跟这篇文章对话,不单单了解它要传达什么,应该进一步把它升华成自我的东西,而使这篇文献有实质的帮助和价值。2015年我们邀请庆芳教授来校交流时,他也就这一问题与研究生们进行了分享,许多同学这才体悟到过去阅读文章时都很"被动",其中既有个人原因也受制于所读文献的范畴。李庆芳教授说,在看完一篇文献之后,要努力用自己的文章或是自己的论点重新去阐释其中的事例,也就是运用作者的知识来阐述新的概念,挖掘出新的问题。换句话说,我们在阅读文献时要反客为主,不能被文献绑架。

§5 阅读文献的两个方法

一、以小窥大读文献

1. 边阅读边写关键词

研究者在阅读文献时，可以每看完一个段落，就写下一个关键词。为什么要这样做呢？因为在写关键词前，研究者须先熟知该段所表达的核心观点，再经过深思熟虑进行取舍，选择关键词的标准或角度会形成自我风格的诠释。除了写下关键词，看完整篇文献后，研究者要有写评论或反思三个学习点（后面会提到）的习惯，再套用每段的关键词作为立足点，将关键词串联起来发展成为评论的主轴脉络。

2. 画出研究主轴的图表

除了边看文献边写关键词，还可以运用关键词画出整篇文献的架构图。对于画架构图的方法，我们在此建议使用思维导图。思维导图的中央是文献的核心概念，再将想到的关键词围绕中心，分别代表文献所阐述的概念，形成一个架构，类似图像记忆法，来帮助研究者熟记文献的重点；或者化简为繁成为几个构念，逐步画出整个图像。在这个阶段，我们只需要尝试着看图说故事，尽可能去理解文献作者的用意。

接下来，为了进一步达到能诠释的地步，需要将文献的创意融入自己建构的研究体系中，这样才能吸收文献的精髓。研究者须先找到一个研究问题，然后提出研究发现，最后得出结论，而质性研究者则以故事穿插于研究当中，产生一条一致性的研究主轴，最后再将文献的启示植入自己的研究体系中。

读到这里，一些初学者可能会问了：研究体系又是什么呢？第一种研究体系类似书柜，研究者完成一条研究主轴后，了解同一类型研究在过去、现在、未来的演变与关系，将所阅读的文献放入自己建构的书柜中；第二种研究体系可以看作九宫格，即核心观念居中，而外面的八项概念虽是分类，但它们都与核心息息相关，阅读完文献，能将其创意置入其中。

许多研究者读完文献后，常常没能将文献的观念放到自己的研究体系中，致使每篇文献仍是零散的知识片段，尽管一篇一篇努力地阅读，但始终无法建立其关联性，无法杠杆运用，这是很多研究者知识扩展的瓶颈。所以，研究者必须将自己的研究体系构建成一个大型的思维导图，并将每篇文献的观念放入这幅思维导图中，以建构自己的研究体系。

3. 联结既有的研究

研究者将文献观念提炼融入自己的研究体系后，还需要将自己的研究体系放大到整个研究脉络之中，发展一个创意将每篇文献的观念串联起来，这是一种同类型研究的联结。例如，陈时奋老师将国际企业的文献分为过去、现在与未来，我们也反省市场营销研究主题的过去、现在与未来：过去关心的是产品本身，焦点在产品的物质性；近期关心的是消费社群，焦点在产品的社会性；未来则是物质与社会性两者不可分开的论点，焦点在物质与社会两者多方面结合上。

此外，也有研究者的联结是不同类型、但彼此有关联的研究。

二、缓慢阅读法

慢读才能有体悟。阅读以后我们需要静心思考心中的感受。

1. 学而不思则罔，阅读更需要思考

没有思索，知识也就无法进入我们的知识体系。我们认为，知识与体悟决定了人的智慧，"读万卷书，行万里路"是一种增长智慧的方式。在浩瀚无垠的学海中畅游，并不是光用眼睛看即可。我们需要思考、体悟且细细品尝个中道理。阅读，是一种自身修炼之道，而不只是记忆书本的内容而已。我们在读书时，要保有自己的思考，可以试着让自己成为书中的主角，让那些知识来帮助我们提升生活的意义。古人云："尽信书，不如无书。"我们应该好好思考这句话的真实意义，不要让纯粹的阅读代替了思考，让作者的观点代替了自己的声音。

2. 慢读经典，品味智慧

万后芬教授曾说："一篇好作品，背后关键的文献只需要五篇就足够了。"换言之，我们需要的是慢慢研读这5篇关键的经典，把它好好读通，与它对话，并设法延伸出新的结论而成就一篇好作品。的确，学习不在于广，只在于精与深，这样的思考模式适用于任何的领域里，阅读经典也是一样。

如何把文献里的知识升华成为头脑中的智慧呢？慢读使我们能悟出新道理，用心阅读才能读出"颜如玉"，读出"黄金屋"。

3. 静心阅读

静心阅读是与作者进行心灵上的对话。我们需要进入作者的思绪，与作者进行深度的交谈并交换意见。通常，我们会运用想象力变成作者，进入其思绪中来阅读文章；当然也可以揣摩一下为何作者会有这样的看法。另外，当我们阅读经典时，丢一些尖锐的问题给作者，然后再扮演作者，试试看作者会如何回答这个问题？一问一答之间，就会有新的体悟。

这两种方法都强调与作者进行思绪上的交流，能让我们更深刻体会作者的铺陈方式，或者引发的新想法。静心阅读的重点是我们进行反省：大多数读者会追随作者论述的内容、逻辑推理的方向进行学习，这样做虽然容易了解作者想表达的内容；但如果我们能与作者进行对话，也许更容易明白作者写作的脉络，洞察经典精髓，从而有新的发现和体悟。

4. 聚焦阅读

慢读或聚焦方式的阅读量较少，却让我们的心更聚焦。脑海中会一直反复浮现起所阅读的细节，无形中让人想再读一遍，感受新东西以解除心中的焦虑感。越密集思考，新的体悟就会越多。在回忆与感受这段时期中，我们会对这小段落进行反复思考。聚焦阅读促使我们细细品尝文章的味道，能不能领悟，还需要大量时间的感受与沉淀。于是，我们把时间都用在感受和体悟层次上，而这样的学习方式远比书上学到的东西还要更深且更多。

§6 如何撰写文献综述

在讨论如何撰写之前，我们需要先了解什么是文献综述。文献综述是科学文献的一种，是学术论文中关键的一部分，是对某一方面的专题收集大量文献资料后经综合分析而写成的一种专门的学术论文。文献综述反映了当前某一领域中某分支学科或重要专题的最新进展、学术见解和建议，它往往能反映出有关问题的新动态、新趋势、新水平、新原理和新技术等。

文献综述的特点就是"综"和"述"。"综"就是要求对文献资料进行综合分析、归纳整理，使材料更加精练和明确、更富有逻辑层次；"述"即要求对综合整理后的文献进行比较专门的、全面的、深入的、系统的论述。

需要注意的是，向其他人介绍当前某一领域中某分支学科或重要问题的前沿并不是文献综述的主要目的，对于作者而言，文献综述是为了推出自己的论述和模型，是以述带论，其核心功能就是寻找研究的"缺口"，即说明现有的研究状况如何，缺陷在哪里，我们准备做的贡献是什么等。因此，文献综述并不强求全面细致，而应该侧重介绍与自己的研究直接相关的文献。

总之，文献综述应该是作者对某一方面问题的历史背景、前人工作、争论焦点、研究现状和发展前景等内容进行评论的科学性论文。

就我们的经验而言，写文献综述前期往往要做以下准备工作。

一、确定选题

文献综述需要对某一方面的专题收集大量的资料，那么这"某一专题"的确定就显得尤为重要了，选题是写文献综述的首要前提。

无论是何种情况，要想寻找一个比较合适自己的选题，必须阅读大量的文献，这样才能把握本领域的动态和方向。我们认为，无论题目从何而来，都必须紧密追踪当前有关科学领域发展的动向。我们给自己的学生的建议是：当我们脑海中有一个大体的印象时，可以积极与导师或身边同学交流看看是否可行。但是最重要的是自己要清楚为什么会对这个问题感兴趣，为什么认为它具有可写性，它的学术焦点在哪里或者它的研究意义是什么。只有当我们弄清楚这些问题以后，我们才会在脑海中对选题有一个比较清晰的轮廓。

我们的同学们在写作时，往往会出现一个问题，那就是选题过大，那样无论是在查阅资料、阅读资料还是归纳整理方面都会存在较大的困难。选题最好找一个比较具有现实指导意义、能够帮助大到国家小到一个地方去解决一个现实问题的切入点。这样无论是写出的文献综述还是论文都会具有可读性和较强的实践指导性。

二、查阅和整理文献资料

1. 文献收集——瞄准主流文献

初步选定题目后，就要围绕着题目来收集与文题有关的文献。

阅读主流文献，如该领域的核心期刊、经典著作、专职部门的研究报告、重要的观点和论述等，是做文献综述的"必修课"。我们可以从以下几条途径入手去摸清该领域的主流：

（1）图书馆的中外学术期刊，找到一两篇经典的文章后"顺藤摸瓜"，留意它们的参考文献。质量较高的学术文章，通常是不会忽略该领域的主流、经典文献的。

（2）利用中国知网、外文期刊数据库检索和中外文过刊阅览室，也可以查到一些较为早期的经典文献。

（3）根据自己的条件和情况，利用学校、国家图书馆等一切可以利用的资源。

2. 文献整理——运用好工具软件

按照前面的途径获取文献后，需要对文献进行分类，记录文献信息和藏书地点。论文的写作过程是较长的，有的文献看过了当时不一定有用，事后想起来却找不着了，所以记录和整理是很有必要的。对于特别重要的文献，不妨做一个读书笔记，摘录其中的重要观点和论述或者用自己的语言写下阅读时得到的启示、体会和想法。这样一步一个脚印将文献的精髓摘录下来，不仅为撰写综述提供有用的材料并为写论文时积累大量的"干货"，而且对于训练自己的表达能力、阅读水平都有好处。

文献管理软件的运用也有助于我们进行整理。我们用过几款文献管理软件，如 Endnote、Mendeley、Zotero、NoteExpress 和 NoteFirst。这些文献管理软件从功能上各有特色，我们自己的使用体验如下：

（1）功能方面。在导入中文文献数据的准确性上，Endnote、Zotero 和 Mendeley 都出现不同程度的问题，这三款是国外软件，主要针对英文作者，对中文期刊参考文献格式不能很好地支持并且对国标也不能正确理解。但是值得一提的是，Mendeley 内置的 PDF 浏览器可以直接收录英文的 PDF 文件。Zotero 只支持 Firefox 浏览器，不适合经常用 IE 浏览器的人。

国内的软件 NoteExpress 和 NoteFirst 做得都不错，可以很好地支持中文文献，但 NoteExpress 在对国标的细节处理上依旧存在问题，如无法自动区别英文文献中的作者是中文作者名字的汉语拼音，也不支持中英文双语参考文献的自动形成。而 NoteFirst 推出得相对较晚，所提供的期刊样式还有待完善，但它全面支持国标并且支持双语参考文献自动形成。

（2）价格方面。Endnote 和 Noteexpress 均是收费的软件，Endnote 价格不菲，通常机构用户才会使用。Mendeley、Zotero 和 NoteFirst 都提供免费版本。

基于以上原因，我们最终选择了使用 Mendeley 和 Notefirst，使用 NoteFirst 进行文献收集管理和论文写作，使用 Mendeley 进行 PDF 文件的管理。这是我们的个人使用经验之谈，谨供大家参考。

3. 文献阅读——集中时间精力

遗忘是大脑工作的规律，因此我们在阅读文献时最好在一定的时间内集中阅读。这样，阅读过的东西就会相对容易地联系起来，形成整体印象。同时也要牢记"好记性不如烂笔头"，对于精彩的观点、重要的收获和涌现的灵感，我们要边读边写加深印象。

4. 文献提炼——发挥主观能动性

我们可以通过文献的阅读建立个人的专业知识结构和看法。在有了一定的知识基础以后，在追踪当前发展动态时，一定要有自己的判断力，不可盲从。要有主见地去研究某个专题、某个专家的学术进展，比较针对同一专题的不同论点的发展，掌握其新方法、新结论或注意作者观点的改变并探究其原因。

注重培养个人的学术修养，根据个人的兴趣和工作进展，定期浏览高质量、高水平的期刊，了解学术进展和热点。

5. 文献质量——层次决定成败

文献质量好是一篇文献可以称为文献的前提或决定性因素。我们可以从以下几个方面去辨别文献的质量：①所涉及的问题是否已经清楚地列出；②结论是否代表当前的最新方向；③研究思路是否富有影响力以至于经他人认可并追随；④研究成果在多大程度上被引用；⑤论述是否有条理、可信；⑥结论是如何被一步一步分析总结出来的；⑦此项研究的发展前景如何；⑧此项研究的意义或重要性如何；⑨此项研究背后的假定条件是否可实现；⑩此项研究所使用的方法论是否为当前公认的研究此项成果最恰当的方法论。

总之，我们在阅读文献资料时一定要用辩证的眼光对其进行判断和评价，除此之外别无捷径。

6. 文献不足——提出警告信息

在我们初步选题后开始查阅文献资料时可能发现，文献资料的数量少得可怜或者根本不足以支撑我们所要研究的论题。此时，可能有以下几种情况：

（1）最好的情况是我们所研究的论题是一个学术前沿，文献资料的欠缺是正常情况，无须过于惊讶。

（2）我们所选择的学术视角太过狭窄以至于材料不够健全。

（3）最后一个不太乐观的可能就是我们所选择的论题根本就没有学术价值和研究价值。此时所要做的工作就是及时做好修正计划。

三、文献综述的写作

一般来说，文献综述的格式包括前沿、主题、总结和参考文献。撰写文献综述时可以按照这四个部分去拟写提纲,再根据提纲进行撰写。

1. 前言

前言主要是说明写作的目的,介绍有关的概念以及综述的范围,说明有关主题的现状或争论焦点,使读者对全文要叙述的问题有一个初步的轮廓。

2. 主题

主题是综述的主体,写法多种多样,并没有固定的格式。可以按照年代顺序综述,也可以按照不同的问题进行综述,还可以按照不同的观点进行比较综述。但是不管用哪一种格式综述,都要将所收集到的文献资料进行归纳、整理和分析比较,阐明有关主题的历史背景、现状和发展方向,以及对这些问题的评述。主题部分应该特别注意代表性强、具有科学性和创造性的文献引用和评述。

3. 总结

总结是将全文主题进行扼要总结,对所综述的主题有研究的作者,最好能够提出自己的见解。

4. 参考文献

参考文献是文献综述的重要组成部分。它是文献综述引用文献的依据,也表示对被引用文献作者的尊重,而且为读者深入探讨有关问题提供了文献查找线索。因此,应该认真对待。参考文献的编排应该条目清楚,查找方便,内容准确无误。

四、文献综述写作的注意事项

1. 收集文献应该尽量全面

文献综述是对某一方面的专题收集大量文献资料后经综合分析而写成的专门的学术论文,因此,掌握全面、大量的文献资料是写好综述的前提,随便收集一点资料就动手撰写是不可能写出文献综述的。

2. 按照问题来组织文献综述

我们常常看到很多学生的文献综述把相关的文献及观点全部列举出来,洋洋洒洒,蔚为壮观。但是,文献综述就像是在文献的丛林中开辟道路,这条道路本来就指向我们所要解决的问题,当然是直线距离最短、最省事。因此,在做文献综述时,头脑要时刻保持清醒,阐述清楚我们要解决什么问题、人家是怎么解决的、说得有无道理,就足够了。

3. 注意引用文献的代表性、可靠性和科学性

在收集的过程中可能出现观点雷同的文献,有的文献在可靠性及科学性方面

存在着差异，因此在引用文献时不必一一列举，选用代表性、可靠性和科学性较好的文献即可。

4. 引用文献要重视文献内容

由于文献综述有作者自己的评论分析，因此在撰写时应分清作者的观点和文献的内容，不能篡改文献的内容。

5. 文献综述不能省略

有的科研论文可以将参考文献省略，但文献综述绝对不能省略，而且应该是文中引用过的、能反映主题全貌的并且是作者直接阅读过的文献资料。

第六章 第四项修炼：写作习惯

§1 写作习惯修炼

为什么我们要写作？人类有了文字便开始写、记录，有了文字表达信息，我们可以学习且使经验得以传承，也慢慢地写成了一种艺术。我们在写作的同时，脑海中的思绪、文章的蓝图就会悄悄地呈现，于是写作成为我们不可或缺的生活方式。

下面，分享一些我们对写作的基本看法，具体包括五个方面。

一、不是怕写，是怕不肯写

大多数人认为写文章是件艰难的工作；可是，对某些人来说，它却显得那么轻而易举，就像见到老朋友握手寒暄一样地容易。我们常常看很多高人气的微信订阅号，它们几乎每天推送，有很多是个人运营起来的原创内容，为什么他们写东西不费吹灰之力呢？

原因其实很简单，就是他们"肯写"。我们在写文章的时候，构思整篇文章架构的过程可以训练我们的逻辑思考能力。当开始把心中的想法写在纸上，就会越写越多；而经过写作洗礼的大脑，就会有更多的灵感与想法；在这样的良性循环之下，就能轻松地写成文章了。

我们之前跟不少搞文字创作的人聊天，他们表示，他们认为写文章是快乐的，想到什么就写什么，写着写着，灵感就会蜂拥而出；畅销书作家九把刀的计算机桌面有一个叫灵感的文件夹，灵感来了就写，每天至少写5000字；各种高人气的网络写手，几乎每天更新近万字的内容……只有笔耕不辍勤加练习大胆地写，才能练就惊人的写作能力。

由此可见,没写好是因为没有常常写、不肯写,无法透过写作来训练自己的逻辑思考能力。

二、大学教育的关键是说与写

我们该如何教育大学生呢?我们认为,根本就是说与写。把写作拿掉,大学教育就是失败的。对于学生们而言,上课提问和回答问题要说、各种展示作业要说、各种面试也要说;期末考试要写、上课笔记要写、各种学习小论文也要写。说和写对个人能力的养成是如此的重要,可是我们绝大部分只是做表面功夫,学生作业应付老师,老师面对不用心的学生,也不知该如何是好。我们应该正视这个问题,尤其是各位同学,做好说与写的锻炼,对自己负责。

"说",内容要有条理、简单明了、讲话要清楚,千万别含混不清,要让人听得懂我们所说的每一个字、每句话,甚至了解我们所想表达的意思。"写",其实就是另一种形式的说,写作的内容要有内涵、清楚扼要地表达,让人看了清爽舒服、感动,不至于觉得折磨痛苦。

三、研究构想要有趣化

该如何完整地写一篇研究构想呢?我们建议同学们一旦确立目标就尽早开始写研究计划书,并当成第一个版本;接着逐步否定,每个月不停地做修整、精进,不断地更换新的版本。许多研究构想、创意、巧思都是慢慢地发展出来的。所以,每个月要给自己不同的构想,每个月不断地重新思考这些问题,每个月想写什么就试着写写看,让脑海里的思绪渐渐地灵光起来。毕竟,研究构想总不会在一夜之间就完美呈现。

四、我们的反思:写作习惯就是思考习惯,越早训练越好

"为什么我们要写作?"这个问题的解答过程,也是我们的反省过程。我们认为,"写作就是思考,越早训练越好,其益处可以伴随我们一生"。写文章便是训练脑力,让我们能一边思考,一边将思考的东西写入文章中,激发出我们的潜能。我们渐渐不在意写得是好还是坏,而是将其当作一种思维的练习,所以我们不再畏惧写,自然也写得越来越得心应手。

在此也提醒读者中的学生朋友们,不要把写报告、写论文当作一项作业、一项任务,而应是一份属于自己的作品。不然只是善用"复制""粘贴"拼凑出一

份报告,这其实是在浪费自己与老师的时间。与其这样敷衍了事,不如好好用心练习,让自己写出来的文章对得起自己的努力,用来记录这段属于自己的学习历程。

§2 写作的五个难题

对于想要入门质性研究的人来说,免不了会问"质性研究要写故事,到底要如何写作"这样的问题,我们总结了一下常常会被问到的写作难题,大概有以下几种:我们不知该如何下笔;我们有一些想法却不知该如何表达;我们不知如何写出吸引人的文章;我们总是词穷,不知如何遣词造句才合适;我们总是缺乏写作的灵感……于是,我们在此就这些问题进行阐述,既是对我们经验的总结,也可以算是一种"格物致知"。

一、我们真不知该如何下笔

关于这个问题,首先要知道,文章是一点点磨出来的,不是天上掉下来的。每个人都有求好心切的本能,加上从小的"填鸭式"教育强迫我们养成了"凡事都有标准答案"的惯性思维 一旦我们过分追求"完美",就会不敢下笔。久而久之,一想到写文章、写论文,心里就像压着巨石般沉重。其实,写作的过程就像培育小树苗,它是慢慢成长茁壮的,中间过程得持续不断地灌溉与细心照顾,不是揠苗助长、一蹴而就的,这应是我们具有的基本心理建设。

学生们总是"忧心"论文要写些什么,不少人心中有一个念头——"要先完全想清楚,才写得出来"。我们也曾经历这段历程,学生的疑惑点醒了我们。于是,我们告诉他(其实已告诉自己):"想到什么,就写什么!论文,就会慢慢长出来!""想写什么,就写什么"这句话,也成为了我们鼓励自己常常写作的动力来源。

二、我们有一些想法,却不知如何表达

面对这种情况,我们总结出一套写作流程:画思绪导图、做 PPT(假想有分享的对象)、动笔产生笔触、侵笔感变灵感。根据我们的实践,首先,有想法却相当凌乱,这是很正常的现象。当我们心里的想法杂乱无章时,我们会先画出一

张思维导图，把我们想到的东西，全部画出来，并思考它们逻辑上的联系，将其串联起来。这样画过之后，心里的杂乱就少了许多，让我们能更清楚明了地抓出文章的主轴。其次，我们会把思维导图做成PPT（特别是需要演讲的时候）。这样的练习目的是让我们把心里的想法说出来，更加清楚我们想要说什么。最后，开始动笔写文章。往往当我们动笔抒写文章时，笔动、脑也动，透过笔触又会突然跑出一些新概念和新思路，我们也因此越写想法越多，自然就会有了笔感。通过这样的练习，一篇文章就这么"长"出来了。

如果不习惯画思维导图的话（现在网上有不少绘制思维导图的软件，操作很简单），我们建议的写作流程变成"5W2H"① 分析方法或"人、事、时、地、物"、做成PPT、动笔产生笔触、笔感变灵感。换言之，改用"5W2H"分析方法或"人、事、时、地、物"作为构思的主轴，试着回答这些问题，再用铺陈的方式串起这些信息。例如，当主轴抓出来还是不晓得要写什么的话，我们就会开始问自己一些结构性的问题；这时，"5W2H"分析方法就可以派上用场了，只要能弄清楚每一个问题，然后自问自答，就能清晰沿着文章主线逐渐发挥。

关于"5W2H"分析方法，我们还想做一点补充：做质性研究，善于发现问题和解决问题是极其重要的。创造力高的人，都具有提问题的能力，众所周知，提出一个好的问题，就意味着问题解决了一半。问题提得有技巧，可以发挥人的想象力。相反，有些问题提出来，反而挫伤了我们的想象力。写质性研究的文章时，我们需要常常提问为什么（Why）、做什么（What）、何人做（Who）、何时做（When）、何地做（Where）、如何做（How）、耗费多少（How much）。这就构成了"5W2H"分析方法的总框架。如果提问题中常有"假如……""如果……""是否……"这样的虚构，就是一种设问，设问需要更高的想象力。

发现研究问题时，对问题不敏感与平时不善于提问有密切关系。对一个问题刨根问底，有可能发现新的知识、提出新的疑问。所以从根本上说，做质性研究首先要学会提问，善于提问。阻碍提问的因素，一是怕提问多，暴露自己的弱点；二是随着年龄和知识的增长，提问欲望渐渐淡薄。如果提问得不到答复和鼓励，反而遭人讥讽，就会在人的潜意识中形成以下习惯——不看、不闻、不问，这恰恰阻碍了人的创造性的发挥。

---

① "5W2H"分析法又叫七何分析法，是第二次世界大战中美国陆军兵器修理部首创，简单、方便、易于理解和使用，广泛用于企业管理和技术活动，对于决策和执行性的活动措施非常有帮助，也有助于弥补考虑问题的疏漏。

三、如何写出吸引人的文章

关于这个问题，我们有两个小技巧：第一是定出有趣、吸引人的标题与副标题；第二是以提问方式写文章，增加与读者的互动性。只要好好运用这两个小技巧，文章不至于太无趣。

1. 定出有趣、吸引人的标题与副标题

我们该如何吸引读者的注意力？根据研究显示，陌生人会通过人的外表，在七秒钟内决定对人的态度与看法，也就是第一印象。同样的，一篇文章也可用有趣的标题去吸引读者。所以，我们一定要尊重读者的时间，在很短的时间内抓住读者的注意力。因此，我们会善用有趣的标题与副标题来吸引读者，读者在不经意间瞥到有趣的标题，无形中就会被吸引继续看下去。这样做的另一个好处是，我们可以利用取标题的机会，训练自己的归纳能力。因为通常标题要能够代表一个段落的精髓，这就要求作者必须从内容去构思独特有趣且具有代表性的标题。

我们要如何取一个有趣的标题呢？在此给出一个小建议：大家平时可以养成习惯去特别留意生活中的一些标语。如一些业界权威杂志的标题、有意思的广告标语、电视上的广告词等。我们要拉起自己的"天线"去接收这些标题与标语，但不是照抄，而是加入自己的想法，积累出属于自己的"金句"。

2. 以提问方式写文章

我们上课很喜欢提问，所以学生不得不动脑思考，而跟着思考的结果就是他们注意力更集中，对所学知识理解更深刻，课堂教学效果更好。同理，在文章中以提问方式写作，读者也就"被迫"要思考答案，或者想要听听作者接下来有何"高见"。这样的行文方式，可以在无形中增加文章的吸引力以及与读者的互动性。所以，我们在文章中经常以问句作为论述的开端。

四、我们总是词穷，不知如何用字遣词才美

当大家开始动笔写作时，总感到词穷，或不知道该写些什么样的内容。我们认为原因有三——少阅读、少思考、少感动，导致写作总是缺乏灵感，不知如何用字遣词。因此，我们的建议是，不要刻意去学修辞手法，而是直接多阅读、放感情、把写作当成与读者说话。

首先，要大量阅读。现在很多大学生存在阅读量少的问题。我们建议同学们多去翻阅杂志或者书籍，不要沉醉于碎片化阅读。写作既然是一种输出机制，那

么，就得靠多阅读（输入）来增加输出写作的素材。因为杂志或书籍往往是作者的知识积累甚至是其毕生的宝贵经验，而这些都是知识与思考的刺激和来源，进入我们的头脑可与我们的知识体系发生化学变化。

其次，要经常练习构思，也就是多思考。大量阅读是一种刺激思考的行为，自然会有创意的灵感。如果不去思考、消化，压根就不会意识到自己的不足，也不自我反省，自然也不会补充自己的知识。这么一来，写出来的文章自然就会内容贫瘠、枯燥乏味，难以与读者产生共鸣。

最后，我们可以用"说话"的方式自然地写作。写文章就是与其他人分享自己的想法，所以，我们建议要以"说话"的方式，清楚地与读者分享自己独到的感受与思想。我们要把自己的所看、所思、所感，都设法融入字里行间，不要只是以简单、平铺的方式叙述。毕竟当我们只是单纯地描述事情的缘由、结局，却不加入主观的看法与论述的话，那样的作品容易沦为"流水账"，不仅无法吸引人，更无法引起读者往下阅读的动力。

五、培育"刻意天天写、有机会就写"的习惯

阅读、问问题、学习新知识，正是灌溉创作这棵小树苗的养分，如此才能逐渐构建自己的"知识账户"，让自己文思泉涌、言之有物。因此，大量阅读、勤于思考，并以情感方式自然叙说，是写作的基本练习。不过，这其中的关键是每天刻意地抽时间练习写作，"想写什么，就去写"。例如，我们会经常在微信或微博上分享自己的读书思考，还担任一些报刊的特约评论员，对一些热点事件从营销管理的视角进行解读；至于书籍方面，不必刻意学习艰深、晦涩的内容，在我们看来，人文社科一类的文章应当像与读者说话聊天一样，以自然的口语清楚地表达心中的想法。

按照上面说的做，我们会自然而然养成写作的惯性；许久没写反而会觉得怪怪的。如果能持续写作，写到后来就能体会"不害怕写作"的境界。

§3 写作的三个准则

我们认为很多人写作容易遇到的三个问题就是不会铺陈、不会科普、写不出逻辑。所以写作要特别注意三要，即要有梗、要有感、要有逻辑。

第六章 第四项修炼：写作习惯

一、不会铺陈（Framing）

写作的第一个困难点是不会铺陈。什么是写作的铺陈呢？简单来讲就是写文章要"有梗""有亮点"；写一篇文章如果不会铺陈就不会有梗，文章相对而言就没有那么吸引人。

我们写作时常用的"梗"就是"QAC"。Q，即 Question，就是问题点。有问才会答，读者会被问题所吸引并对问题的答案感兴趣。A，即 Answer，就是我们的创意见解。如果我们能提出读者没想过的洞见，读者是一定会被吸引到的。C，即 Conclusion 和 Contribution，结论与贡献，也就是说明这样的答案有何价值。

做研究和写文章都一样要有"梗"，只是做研究换用另一种方式说明，那就是破题、故事与反思。写文章首先要破题，就是 Q，要问是什么（What）、为什么（Why）、如何（How）等问题，即研究的导论必须指出的研究问题（Research Question）；其次要以生动的故事脉络，呈现或说明实际的状况以回答所提的问题；最后是反思，对研究问题与实际故事进行反思，如以故事呈现 Why、What、How、Context、Content、Process 以反思既有的盲点。因此，我们认为写文章的第一要件就是"要有梗"。

二、不会科普（Popular Science）

写作的第二个困难点是不会科普。简单来说，科普就是将科学的技术、知识、思想和方法，透过文艺、新闻、美术、电影、电视等各种方式，广泛地传播到社会的各个阶层，以提高人们对科学的认识普及。换言之，就是将深奥难懂的知识加以社会化、大众化的加值过程。

前面提到说，我们在审阅自己带学生写出来的文章时，会觉得内容"太生硬""太跳跃"。后来，我们仔细想了想，问题的症结就出在文章内容里使用了太多的专有名词，导致作者和读者之间产生断裂、距离感。学生们在写案例时会用到许多营销新概念，如众筹、众包、场景等，还有各种营销学科里的理论，如信息整合理论、联想记忆网络理论等，并且很少进行通俗解释或者直接脚注一个百度百科的定义。这些对于营销人来说能够理解，但对于很多非营销专业的读者来说就会比较难懂。

所以，作者用了太多的专有名词，令读者"无感"。因此，不论我们是写学术研究文章还是一般故事，都要掌握一个重点：文章的内容不能离读者太远，对于太艰涩、太难懂的词汇，我们就要把它科普化或脉络化，让没有专业背景的读者也能看懂作者想要传达的想法或省思。简言之，写文章的第二要件是"要有感"。

三、写不出逻辑关系

写作的第三个困难点是写不出逻辑关系。当我们在阅读学生写的作品时，发现他们只是将每一个事件真实地陈述出来，用片断式的知识和内容去"拼凑"成一篇文章。可是，这种片段化的事实忽略了一些小细节、小脉络、小关系，不仅导致文章内容架构失去关联性，其中的逻辑关系更是不明确，导致读者没有办法厘清或理解这些事件，整篇故事变成一些文字的堆砌。

根据我们的经验，写不出逻辑关系往往有两点原因：第一是遗漏关系，事件的发展有因果关系，可是作者诠释事件时，却无意识地省略了某些步骤，导致读者没办法串接事件的关联，对整篇文章无法联想、没有画面，文章头尾没办法贯穿；第二是强加关系，事件本身的因果并未有一定的关联性，也就是没有关系，但是作者自己硬要强加逻辑关系，这么一来，读者会觉得很生硬、怪怪的。有鉴于此，我们认为写文章的第三要件是"要有逻辑关联"。

四、我们的反思：写作的三个准则

我们透过了解写作的三个困难点，也问了自己一个问题：作家算不算是一个很好的质性研究者？我们给自己的答案是：是！但作家只能算"半个"。为什么这么说？因为作家们很会写故事，他们能铺陈很好的故事情节，也能掌握其中的脉络与逻辑关系，换言之，他们精通于资料呈现（Data Presentation）。但是，他们可能不会进行数据分析（Data Analysis），也缺乏理论角度（Perspectives）与反思能力（Reflection）。

对于质性研究来说，写故事就是修炼资料呈现的功力。因为写故事要选择、组合、铺陈素材；要符合三个准则：要有梗（要铺陈）、要有感（要科普）、要有逻辑（要有逻辑关系）。在此，我们想结合"三要"进一步提出"3F"，即友善（Friendly）、有感（Feeling）、有惊喜（Fantastic）。假以时日，甚至还能"从友善到友谊""从感觉到感动""从惊奇到惊艳"，写出一篇架构完整的作品，让写故事不再成为一大难事。

§4 写作的四个技巧

写作,是一种非面对面的口语沟通。有创意的写作有五个技巧:先构思、大胆写、取标题、多用问句和举例。

一、第一个技巧:下笔前,先构思

一件作品、一篇文章,都会有一个中心思想。它可以是一个感动人心的故事,也可以是传达一个意义。

所以,在写作之前,要谋定而后动。我们建议可以画一张思维导图,构思故事主轴。最简单的做法是:慢慢画一条直线,右边的箭头表示目标,把要表达的事物填上去,类似鱼骨图①。之后,慢慢调整顺序,自然前后就会有关联,而且成为一条清晰的论述主轴。

以这条直线通往目标,逐渐搭成一个构思平台,以此平台延伸想法、创意。灵感会随着这张图这条线,慢慢被勾勒出来。在绘制鱼骨图的时候,需要注意以下几点:①思考要研究的问题,把问题写在鱼骨的头部;②与研究团队成员头脑风暴,讨论问题出现的可能原因,尽可能多地找出问题;③把相同的问题分组,在鱼骨上标出;④拿出其中有价值或有理论意义的问题,研究问题的原因,尝试探索问题的答案;⑤针对问题的答案再问为什么,这样至少深入五个层次(连续问五个问题);⑥当深入到第五个层次后,认为无法继续进行时,列出这些问题的原因,而后寻求相应的解决方案。

鱼骨图分析法是研究人员在进行因果分析时经常采用的一种方法,其特点是简捷实用,比较直观。现以某炼油厂情况作为实例,采用鱼骨图分析法对其市场营销问题进行解析(见图6-1)。

图中的"鱼头"表示需要解决的问题,即该炼油厂产品在市场中所占份额少。根据现场调查,可以把产生该炼油厂市场营销问题的原因,概括为五类,即人员、渠道、广告、竞争和其他。在每一类中包括若干造成这些原因的可能因素,如营销人员数量少、销售点少、缺少宣传策略、进口油广告攻势等。将五类

---

① 鱼骨图(又名因果图、石川图),是一种发现问题根本原因的分析方法,现代工商管理教育将其划分为问题型、原因型及对策型鱼骨图等几类。

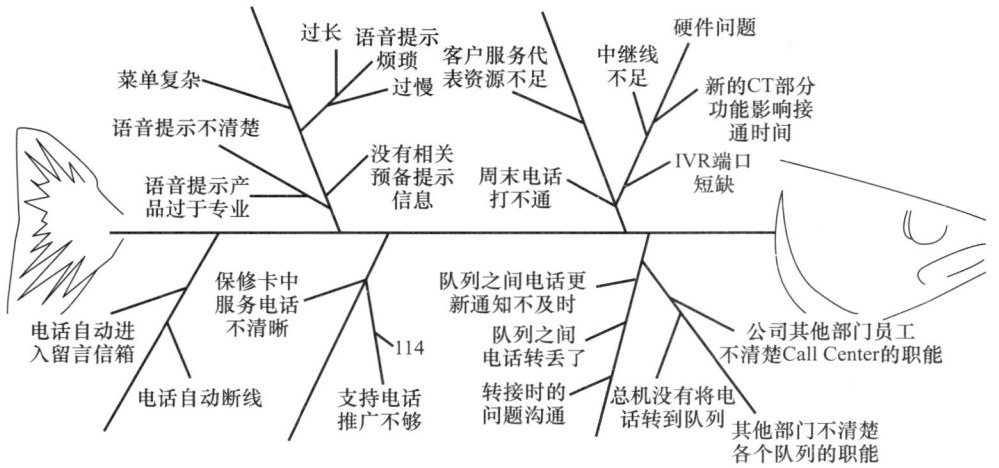

图6-1 鱼骨图分析法

原因及其相关因素分别以鱼骨分布态势展开,形成鱼骨分析图。

二、第二个技巧:大胆写

有了思维导图之后,就是要大胆写了。写作的一个重要诀窍就是要动笔。初期,要设定一个写作时间,在这段时间内,就动笔写作。一旦开始写了,就会有越来越多的灵感涌出来。等渐渐养成习惯之后,就随时随地都能写了。有时候我们从一些媒体上看到,有些作家每天都要创作,甚至连区区15分钟的零碎时间也都能写。总之,大胆写就对了,千万别妄想等一切就绪才提笔,感觉是写出来的,当动笔之后,就会产生笔触,思绪跟着动,灵感也才会被大脑激发出来。

三、第三个技巧:取标题

有了主轴,开始动笔之后,紧接着就是取标题。一直以来,我们习惯了传统的教学模式,上课不敢提问,写作不敢有自己的声音。因此,要创作出我们的主见,就要大胆地取标题,而这可以从平时的写作练习开始。

其实,取小标题是有技巧的,提供给各位参考:第一,标题必须跟中心思想或主轴有关,这样可以限制写作范围,论述的逻辑才不会过于跳跃,不会偏离主题。第二,取标题可以训练我们的归纳能力,通常1~3个自然段的内容,可以取一个有趣的小标题,而这个小标题归纳了这三个自然段的精华,其实也就是训练我们"化繁为简"的功力。第三,小标题还要有承上启下的功效。承上,是指小标题必须与主轴或主题有关,要扣住思维导图的中心思想;启下,是指小标题需要勾勒出要写的内容。甚至,当我们写完文章内容之后,经常能浮现新的、更棒的小标题,这也是一种自我对话和提升的过程。

因此,取小标题的练习,对于质性研究学者来说是很重要的。移动互联时代人们讲究快餐阅读、碎片化阅读,很多人在大多数时候都是标题党,希望看一下小标题,就能抓住文章的大部分重点。因此,若能取一个有趣的标题,通常也较能吸引读者阅读的注意。

那么,到底要如何取一个有趣的标题呢?我们有两个小诀窍:第一个诀窍是,从学习和模仿别人的标题开始。一旦你平时留心,这些标题就会悄悄进入你的潜意识,需要取标题时就能提供灵感。第二个诀窍是,平常练习写"金句"。当我们看到、听到一句优美、幽默或者很有内涵的话,我们就会立即写下来,有事没事就看一下、念一下这些有能量的句子,并且试着模仿写一些属于自己的"金句"积累起来。这些刻意练习也就无形中培养了取标题的能力。

四、第四个技巧:多用问句与多举例题

写作,其实就是另一种语言,千万别把它想得太难,只是跟读者对话的一种方式而已,我们把写作当作一种口语的沟通。学生们喜欢玩微信或者刷微博到凌晨,翻开教科书却一下就睡着了,原因是教科书的内容比较难懂、不符合口语,又没有情感在里头。有感于此,或许我们该重新省思教科书的呈现方式,多一点感性启发,少一点理性说教。

话说回来,我们要如何跟读者沟通呢?我们有两个建议:第一个建议是,文章中多用些问句。道理很简单,就像个案式教学一样,一旦提问,读者就会因问题而思索。尽管读者不会有必须立即回答的压力,但他的大脑会随着问题而转动,无形间,读者的思绪就会被带进文章中。第二个建议是,文章中多用一些例子。就好比小孩子喜欢听故事、学生喜欢听案例一样,读者也喜欢多听例子。所以,陈述完事实之后,来个例子补充说明,不仅能传达想要表达的意思,也更令人印象深刻。

§5 写作的三个要点

我们从不喜欢写作到不怕写作的学习中，悟出不断阅读、深度思考、勤于动笔，才能发掘写作的乐趣。写作与画思维导图一样，皆是为了帮助自己厘清思路。

一篇好的文章，其写作方式都必须有三个关键点（Key Point）。通常，我们的写作方式、文章结构是依循这三个关键点的准则，依序发展出论述逻辑的。第一，直接破题、有趣且吸引人的点题方式。当然，每个人的写作方式都不大相同，也可以先包装标题以吸引读者有看下去的兴趣。第二，发展每篇论文里的要点、重点及论点。换言之，就是得要言之有物，而不是无病呻吟或是老掉牙的叙事。第三，要铺陈出一个梗、一个亮点，且令人反思既有的现状、激起读者对现状的不满，读者总是希望有学到新事物的感觉。以下便是用这样的架构说明这三个要点。

一、第一点：有趣的问题点

写文章时，我们喜欢直接以一个问题点带出三个重点，去凸显我们想要表达的意思。我们跟各位一样，刚开始动笔时，也经常苦无头绪，这时候我们就会问自己几个问题：这篇文章想要解决什么问题？读者切身的问题是什么？要如何问这个问题，才会吸引人呢？

构思"有趣的问题点"后，便要回答这个问题。这时便让自己用三个论点回答，进而构思出要写的内容与架构。

问题点的关键是如何让文章变得有趣。当我们丢出一个问题，大脑就会自动运转，想要回答这个问题。它代表的是文章的一个问句，目的是用来凸显写作者的用心，用问题去探索未知的领域。所以，一个有趣的质问，通常会使文章变得更加吸引人，引发读者的好奇心或是产生一定的共鸣。好的问题点，拥有画龙点睛般的效用，这就是我们的写作技巧之一。此外，我们构思问题点的准则是要独特。换句话说，要用思维来包装问题点，用一些有趣、反讽的方式雕塑这个问句，或是运用生活上的实际体验和读者的共同经验，激发出彼此的共鸣，营造出与读者更紧密的互动关系。例如，我们在做企业访谈时，会把企业遇到的实际挑战转化为研究问题，这样的研究问题也会比较贴近实践、引人反思。

二、第二点：三个学习点

老虎看见猎物会有想要去追逐的冲动。一样地，面对一个有趣的问题，我们就会想要去构思且解决它。因此，继问题点之后，要发展三个学习点。

我们在质性研究的过程中，常常会要求学生在一些访谈、讲座之后归纳三个学习点，刻意让他们练习归纳能力。在他们总结了三个学习点之后，我们会要求他们阐述自己的三个学习点。这个学习方法可以说是"众智"，常常可以归纳出最关键的事件或看穿现象背后的"阴谋"。从五个想法中萃取出三个学习点，或从没有想法中逼自己构思出三个学习点，就像别人说的"见树又见林"，既要能综观全貌，也要能掌握细节。时时刻刻养成这种掌握、提炼重点的能力，会使我们在学习的道路上变得更有效率和效果。

例如，我们看完《神奇动物在哪里》这部电影后，可以试着至少归纳出这部电影的三个重点。而这些重点可以包括如下内容：我们学习到了什么？我们看到了什么？我们发现了什么？这部电影的铺陈方式有哪三个特点？如果是我们，会运用哪些技巧？

三、第三点：文章的亮点

如果三个学习点能凸显我们的归纳能力的话，那么亮点就能展现我们的创意功力。三个学习点是根据资料、故事而来，或者以不同的理论角度看故事而整理出来的，所以归纳三个学习点不能太跳跃。反观亮点，是要基于这三个学习点，再将读者引领至更高深的"反思状态"，我们要有这个创意功力，提出研究的亮点。

换言之，好的学习点是读者看了会心一笑，心中想道：我们应该也可以办到；而精彩的亮点是读者看了会佩服不已，心中想到"我们真的很佩服作者竟可以这样，真是望尘莫及"。尽管说起来很容易，但找到亮点还是很难的，这大概就是"知易行难"的道理吧。

所以，我们先就我们的理解叙说一下研究的亮点。文章的最后，我们试着将三个学习点仔细思考：当我们了解这三个学习点后，那又怎样呢？要如何从三个学习点进行提炼，得到一个总结、一个启示、一个反省？又该如何把三个学习点演绎成文章的一个亮点呢？我们认为，在研究上，我们还得了解理论的脉络，才能叙说理论的贡献，创意、灵感、亮点就是在这个地方展现的吧！

总而言之，我们觉得亮点可以说是三个学习点、理论脉络、生活经验，加上研究者的创意构思的结果，也是一个推论和文章最后的启示。例如，当我们读完朱自清的《背影》后，我们会想到自己是不是要跟父亲说些什么，以往对父亲态度感到不耐烦的状况，应该怎么去改善。对于读者来说，有这样的感动和思考，就不算是白读了一篇文章。也就是说，文章的亮点应对读者具有启发性，若能成功地对读者造成影响，那就可以称得上是一篇好文章了。

有趣的是，我们的经验告诉我们好的作品要露出问题点、学习点、亮点这三点，但这三点的背后还有一个关键，那就是思维的习惯。质问有没有深度？学习点是否展现归纳能力？亮点是否有创意？这些都回到思维这个本质上。

所以，其关键仍在于是否能时时思考，逐渐于文章中提升这三点的内涵。若我们能做到如此，那文章的质量也就有一定程度的保证了。

§6　写作的三个关键

想要掌握好写作有三个关键：以关键词长内容、以结构选取内容、以顺序调整逻辑。这三个关键确保了文章的品质。

写作是透过文字的整理，表达思维的主要方式。写作的目的是透过故事展现作者的影响力，也是运用写作呈现作者的智慧结晶。因此，如果说生活的秘密是吸引力法则的话，那么写作的秘密就是尊重法则：要尊重读者的感受。从标题、小标题、内容、结构与逻辑，面面俱到地尊重读者，将写作的注意力从"写完"转移至"尊重读者"身上。这个小小的思维转变，就可以大幅改善作者的写作能力。

一、关键一：以关键词长内容

内容是作品的基本元素。想要练写作的功力，平常就得多留意周围的新鲜事物，将其记录下来，并试着练习对人讲述小故事。作为质性研究者，平时于田野收集资料时，就得养成不断累积有趣内容的习惯。这些宝贵的亲身经验，就是写作的素材。

偏偏人们写作最大的困扰就是不知如何下笔。下笔是最难的开始，潜意识中总是抗拒动笔这件事情；但是，一旦开始动笔，反而刺激大脑思维的运作，同时启动并连接许多的想法，有研究指出，人一天会有六千万个意念。换言之，只要动笔，常常就会文思泉涌，欲罢不能。

若依然动不了笔，我们给的建议是利用关键词启动写作机制。我们的经验如下：既然很难动笔写作，那就先写三个关键词。比起长篇写作，想几个关键词总是比较简单的，这样做可以先去除心中令人恐惧、讨厌的"恶魔"。我们会针对每一个想叙说的内容单位，先写下与表达内容相关的三个关键词。这样做的道理很简单，就是将关键词当作小骨架，有了骨架就可以长肉；长完肉之后再去修整与润饰。换言之，关键词是钩子，可以钩出言之有物的内容。

二、关键二：运用结构来筛选内容

当我们有了内容之后，还需要一个主轴将内容串接起来。我们都有一个共同的经验是写作文，高中时老师常常出一个题目并要求我们用"总分总"的方式来写作文。当我们的作文依照这个结构铺陈时，读者很容易追随结构理解我们想要叙说的内容。同样的道理，每一篇经典文章的论述都有其呈现的结构；我们可以运用结构来铺陈论点。

那么，要如何发展一篇作品的主轴呢？关键就是内容呈现的结构。首先，可尝试与读者进行一场冥想方式的对话。例如，我们会先站在读者的角度思考：读者想要知道什么？读者有兴趣的是什么？读者迫切需要的内容又是什么？接着，我们将身份转变成解答者，学习发展如何回答读者的策略、方式与技巧。换言之，试着大胆去发展一个铺陈的主轴，这就好比用各种不同形状的容器装水（预设框架），水就会有不同的形式一样。

回到技巧上来说，我们需要从读者的需求下手，以内容创建为导向，从内容库中截取符合结构的3~4个重点，而此3~4个内容必须是可以满足读者需求的。如此一来，当叙说内容与结构能完美地结合，作品才能回答读者关心的问题，也才能让读者有所启发。

三、关键三：调整顺序来顺逻辑

除了有丰富的内容与结构，好作品的逻辑推理也得合理。因此，我们接着要往上跳一个层次思考两件事：第一，调整顺序。站在高点俯视整篇文章的顺序性。第二，贴标签。若可能的话，针对每一个内容单位，为读者综合意义以后，创作一个有趣的小标题。

我们先谈调整顺序。此阶段是思索贯穿整篇文章的逻辑顺序，要去思考文章结构的流畅与否。即一个内容单位是一个小主题，甚至是一个小概念，或者一个段落，我们先写下三个关键词，再透过关键词"钩"出内容。然后需要重新思索铺陈结构中，内容之间的关联性。例如，是否依时间的过去、现在与未来的顺序呈现？是否由小范围至大范围方式说明？在此阶段，首先，要不断地调整内容之间的逻辑关系；其次，调整好内容顺序后，需要做润饰工作，段落间要写一些串联的文字以说明内容之间的接续关系，引领读者清楚整个推理过程；最后，可以试着为每一个概念"贴标签"。

在与其他学者交流的过程中，有人觉得我们这样为概念贴标签的做法略显多余，但这样做于我们而言有两点好处：第一个好处是我们通过贴标签锻炼归纳能力，用一句话归纳段落的意义；另一个好处是协助我们记忆，以便我们再次阅读这篇文章时，只需看标签就能回忆起整个结构与内容。例如，以关键词来长内容、运用结构来筛选内容、调整顺序来顺逻辑，这三个关键词就是我们为本节内容所贴的标签，当我们在写作时，就可以快速运用这个技巧来提醒自己。

§7 引言用法标准

引言，在质性研究中是指案例中人物之间的对话，研究者可以借引言传达研究现场的情境，也可以当作有利的事证（Evidence），作为逻辑推论的佐证数据。引言的用法对于质性研究者而言，不仅是一种不可或缺的能力，也是画龙点睛的利器。

在此，我们从过去的学习经验来反省引言的用法。首先，我们从初学者阶段常犯的错误开始（见准则一）；其次，从审稿人的角度说明如何检视引言（见准则二和准则三）。换言之，一旦我们了解审稿人的标准后，自然可以更适当地运用引言来填补细节。

一、标准一：有对话就好及知性、理性与感性

回顾自己进行质性研究的经验，对于引言的用法，我们起初所持有的态度是"有对话就好"。当时访谈过程中的做法是像这样的：我们会留意并整理受访者

讲的话，特别是当我们发觉它（引言）是我们没听过的、非常有趣的，或者是受访者讲得非常伤心、激动或愤怒的话。我们会将之记录成为有用的引言。

例如，我们曾经将所累积的引言进行分类、整理，尝试做成一个关于创业引言的数据库。这么一来，当需要写创业相关案例或计划书的时候，我们可以快速精确地找到我们所需要的引言或是加以改编。

然而，要是研究者的心态不端正，也无法表现出美感并感动读者。例如，我们也有过一味追求效率的情形，误以为只要用了引言且没有统计数字的文章就是一篇质性研究，也就是有"引言＝质性研究"的错误想法。事实上，引言的运用必须合乎知性（新知）、理性（合乎逻辑）与感性（感动读者），以呈现引言的艺术美感。

二、标准二：是事证（Evidences）而不是形容词（Adjectives）

引言是推论的事证，而不应用太多的形容词。我们很喜欢举朱自清先生的《背影》为例来说明这一点。他的文字功底深厚，即使没有引言，只用了"橘子""火车""月台""洒了一地"这些事证，便能将父爱这个论点表露无遗。

相较于量化研究采用数字的大小来证明和检验假设，质性研究用的是事证（Evidence），使用文字、故事、情节来诠释意义，且它们应是事证，不是形容词。举个例子来说，当作者要说明"父母关心孩子"这个论点，不是在引言中说了几次"我们爱你，宝贝"，这种方式显然很粗糙，真正要说明这一点需要我们去进行细腻的观察。例如，我们可以试着去描写父母为女儿撑伞；天冷了，父母等孩子晚归，并帮孩子加热饭菜……这样的情感表现不仅溢于言意，也更自然朴实。

三、标准三：引言会不会是作者自己编的？

审稿人会问引言会不会是作者编造的。答案如果为是，那表示这个引言没有深度，因为就算没有进入田野，也可以说出这种引言。第二种可能是作者浸入田野太久，主观的声音假借受访者的口呈现出来，很明显的，这个引言是作者的声音。答案如果为不是，即表示这个引言确实是出自受访者的意见与观点，作者没有进入田野是得不到这么漂亮的引言的。审稿人通过引言来厘清文章的真实度。

总之，引言是审稿人很关注的线索，从引言甚至可以判定一篇质性文章的真实度、合理度与批判度。因此，引言的使用是一种艺术，且格外重要，用之得当则可以呈现文章的美感。

第七章　第五项修炼：理论对话

§1　理论对话修炼

什么是对话？这里我们所说的对话不是简单的人与人之间的谈话，而是一种作者与数据、事证还有经验对话的过程。通过对话，我们可以参解事物的实质内涵并深化研究的见解。

我们认为，做质性研究就要学会"对话"，也是质性研究的第五个修炼——理论对话。但是我们过去仅止于理论与数据这两方面的对话。

就我们的经验看来，对话就是"问、想、答"，然后再回去"找事证"，之后再进行"问、想、答"，这几个步骤持续循环。通过反复进行的对话练习，我们更能厘清自己的思绪，进一步思考并想清楚接下来要做的事情。在这"问、想、答"之中，最重要的一个步骤，就是必须要愿意去"问"，如果没有养成问的习惯，思维就会停滞。因此，我们认为这是一种能诱发自己进步的方法。接下来，我们把质性研究过程中相关的对话分为七种，与大家来分享。

一、与现象对话

与现象对话，我们可以由此问到数据素材，这也是收集数据的技巧之一。我们前面提到过田野调查，当我们进行田野访谈时，往往容易一到现场就去观察现象或直接访谈。但有经验的研究者会知道，不要心急，如果能进一步与现象进行对话，不论是主动询问或是仔细观察，都更能有意外的发现。例如，案例中发生了什么事？为什么会这样？他是如何办到的？他究竟有什么行为模式？我们可以构思成哪些有趣的故事？通过这些问题，我们在现场就可以启动下一个行动，这样就能从这次的访谈中收集到更多可以说故事的素材。

二、与理论对话

与理论对话,我们可以由此找到理论缺口和研究的理论贡献,还能找到数据编码的方式。理论缺口是什么?就是理论不完善的地方。例如,我们之前研究制度距离,我们就会阅读相关文献,接着开始与之对话:学者们说了什么?我们是如何考虑的?因此,我们主张了什么?这个理论有什么亮点?为什么这个研究这么重要?这些理论当时是怎么推论出来的?那些知名的学者回答了什么?没有回答什么?我们可以补足什么理论缺口?与理论对话,其实就是站在巨人的肩膀上摘苹果,能帮助我们能看得更深、更远。

三、与数据对话

与数据对话,我们可以由此找出故事呈现的方式。还是就田野调查来说,我们从田野回来,往往会收集很多的故事素材,首先会整理成逐字稿,那么进一步整理的时候就一定会考虑以下问题:到底该如何删减这些素材?这些素材的布局、铺陈究竟该怎么做调整?如何利用这些素材写成一篇精彩的故事?李庆芳教授在田野故事加工方面有自己的一套方法:首先,我们可以先纯粹看着素材,去构思要如何使之精彩有趣;其次,试着加入理论观点,并思索使用不同的叙述手法来呈现故事情节;最后,再次反思整篇故事的主轴。

四、理论与故事对话

进行理论与故事对话,我们可以由此找到新的收获。当进行理论与故事对话时,我们的心态通常是以理论井故事,用故事深化理论。我们会先写一张资料分析表,表中既有理论构念也有数据,而事实上,填这张表格就是一种思索的历程。这时,我们可以问自己几个问题:①故事与理论吻合吗?②以理论解读故事,有哪些新发现?③为什么理论与故事并不吻合?差异在哪里?为什么?④这些差异具有什么意义?透过这些问题启动"问、想、答、找事证",通常就会找到新的研究发现。

五、研究发现与研究问题对话

进行研究发现与研究问题的对话,我们可以由此找到研究前后的一致性。这时候,我们要不断地问自己:我们的研究发现,可以和我们的研究问题相互印证吗？事实上，不容置喙的是，质性研究毕竟是一个一直循环思考的历程，常常会发生研究发现和研究问题并不吻合的状况，我们应该要由研究发现去反思当时设定的研究问题是否恰当。也就是说，我们必须确认研究发现与研究问题之间的一致性，通过两者的对话，修改合适的研究问题或者研究发现，让两者之间可以互相呼应，得到研究的共鸣。

六、研究发现与理论对话

通过研究发现与理论的对话，我们可以由此找到理论贡献。换言之就是，找出我们的研究新发现与既有理论两者之间，究竟有什么差异？我们必须通过研究发现与理论的对话，找到既有的理论缺口，并说明这些研究发现能补足这些缺口。因此，研究发现与理论对话的方式是提问，具体如下：①新发现与既有理论有哪些差异？②新发现延伸了什么理论论点？③新发现填补了什么理论缺口？如果我们能清楚、深刻地回答这些对话的提问，那么也就足以说明该研究的重要性及理论贡献了。

七、研究发现与故事对话

进行研究发现与故事的对话，可以找到实践贡献。事实上，实践和学术都来自于我们的生活，而理论来自实践的归纳，有助于预知实践的发展或预防执行的错误。因此，我们必须去思考和说明，我们的研究发现对实践是否有实质上的帮助。因此，研究发现与故事对话的方式是提问，具体如下：①这样的发现，企业界会满意吗？②这样的发现，对实践有何帮助？③这项研究发现，可以转型为企业能够实际执行的方案吗？真的能够帮助企业解决问题吗？如果我们能很清楚有效地回答这些提问，那么该研究必定有其实践价值。

§2 对话理论

一、杯子为什么是杯子？

现象学中有一个技巧叫作存而不论。但什么是存而不论呢？其实我们也仅能想象，或者认为就是存在那里，而先不要去赋予任何意义。我们读过一本书，上面指出"就是因为角度与关系,我们对周遭世界给定一个解释"。例如,一个杯子的定义到底是什么,关键就取决于角度与关系。当我们拿它作为装水的容器,它便成了茶杯;用这个杯子来放入笔、尺,它又成了笔筒;我们插上一束玫瑰花,它便成了花瓶;甚至,我们拿它去攻击人、使人受伤,那这个杯子就成了凶器!

这个例子提醒我们,"杯子"借着四种不同的使用方法,产生了四种截然不同的意义:茶杯、笔筒、花瓶与凶器。这正是因为我们的"角度(使用方法)",以及用"杯子"与什么物体产生关系所致。因此,为什么我们称杯子为杯子呢?因为实际上我们已经主观地将杯子与茶水产生关系了。此种情况便是,原本存在的物体与能知的主体(人)通过角度与关系,赋予所知的客体(杯子)一个新的意义。在此,我们再举一个例子:一棵树原本普世的意义是什么?树原是具有木质树干及树枝的植物的泛称,但在一个雕刻家脑海中的想法却是其艺术价值,以及其可能成为什么样的艺术品……在这个解读的过程中,雕刻家眼中的树木,已经失去了原有的意义与身份,只剩下了艺术品的意义。这种情况便是从原有的意义与关系中,人们以关系及角度再发展出新一层意义与关系。

二、空与有,关键就在角度与关系

我们体会到一件事,物体本身原本没有任何意义,但却经由人们(能知的主体)的使用角度与关系而对物体(所知的客体)赋予了意义;于是从"空"变成"有",从没有意义成为了有意义。换言之,一件事物的意义,取决于使用者(能知的主体)看待此事物的角度或观点。因此,当物体不存在时,能知客体(人们)、角度与关系,也就随之消失。也就是说,人们与物质之间存在一种相互依存的关系。

这道理提醒质性研究者,当我们只用一种理论角度(思维的框架)与一种关系解读事件、数据时,我们所解读出的意义是偏颇的、深度是有限的。换言之,若我们的研究无法发掘出事件的深层意义,可能是我们没有恰当地使用角度与关系,所以研究者必须弹性地修炼其理论角度,才不至于被既有的角度与关系所框限。

三、要放空才能有新意

所以到底什么是放空呢?我们的理解是,当我们看到事物之前,经常已经带着先入为主的角度投射到事物之上,而这角度正是既定的思维或是刻板的印象。虽然这样的角度可以很有效率地解读出事物的意义,不过如此一来,我们也被限制住了。举例来说,对于同样的热点事件如苹果的新机发布,我们会本能地从营销角度进行解读,而工程师们则会从新技术的发展和运用角度去思考,设计师们则会从产品设计上寻找手机审美潮流的方向和灵感。往好处想,既有角度是一种习惯;往坏处想,就是缺乏创意。也就是说,我们得先放空,空掉既有的角度与关系,才能开创新的想法。以此推论,我们似乎对所谓的放空有了新的认识,就是要时时提醒自己:要觉知既有的角度与关系,去除先入为主的观念,新的意义或是更深一层的意义才会浮现出来。我们的研究才不会被局限在原有的小框框里,无法跳出既有的窠臼之中。

四、学会解构

质性研究的学习过程中,很重视解构这一部分,若是要以我们目前的角度与关系赋予意义的话,我们认为解构就是一再重新看待一个现象。如上文所述,当重新去解构杯子这一物品之后,杯子就可能不是杯子了!过去,我们对于解构并不是那么明白、清楚,但透过角度与关系延伸出"空与有"这个概念之后,凡事便多了一些角度与关系的省思。例如,每一篇文章或田野故事,都会有研究者本身既有的角度及关系;但是,当我们未觉知这个既有的角度及关系时,我们就会受限于文章中的其中一小点意义。而如此解读出来的意义,不仅不够深入、也相对匮乏。

所以,我们要学会重新解构现象,时时察觉自己当下所持的角度与关系,并试着将此角度及关系拿掉,彻底回到"空"的状态,再适度地修正与微调自己的角度及关系,重新"有"新的见解。如此,我们方能看见更深层的意义。而所谓学术研究的思维过程,其实就是这样不断地在"空"与"有"之间,不断反思自己的角度与关系,来回解构与反思,得到新的意义,再持续地解构而获致事物的本质。

角度与关系决定了"空与有",而角度与关系和质性研究的关系又是什么呢?质性研究又是什么呢?所谓质性研究,本质是针对某一现象做深刻探讨,将此现象问题化并撰写成一个具有脉络的故事,再从故事中将意义提炼出来,最后在意义中反思为什么会出现这种现象,以及这个现象背后所反映出的机制是否有问题。我们认为先有理论还是先有角度的争论并不重要。质性研究的关键是,要意识到所用理论角度是否切合，并有勇气换掉既有的理论角度，重新思考。

那究竟要如何从故事中开采出意义呢？这是质性研究者必须学习的关键功力。换言之，我们必须去深究故事所带给我们的意义，并从中开悟。我喜欢以朱自清《背影》一文来说明，细心的读者应该还记得前面我们也用过这篇文章。这个故事带给我们的普遍认知是"父爱"，但朱自清的《背影》里头只有写父爱吗？我们一直被"父爱"的框架局限住，反而降低了对其他含义的敏感度。其实，转换一下角度，我们也可以解读出"朱自清平时未妥善维系父子关系"，又或者"男性不善于表达情感的人格特质"。

身处这个信息爆炸的时代，我们已经越来越习惯让手指在屏幕的方寸间滑动，习惯了用碎片化阅读的故事中的观点代替自己的思考，我们更喜欢听故事看故事而不是解读故事，懒于思索生活中点点滴滴的事件，这是我们这部分要探讨的问题。

五、角度与关系决定了意义

一个故事具体呈现在我们的面前，我们用什么样的角度、什么样的关系去看待这个故事，就会产生出不同的意义。所以，研究者从故事到意义这个阶段，理论角度与关系的弹性应用或谲适应用就非常关键。因为，从不同的角度、关系，就会解读出完全不同风貌的深邃意义。作为质性研究者，我们一直学习如何使用敏锐独到的角度看待现象与故事，即需要看得深刻且透彻，方能得到故事中深层的意涵。大多数人看故事只会得到表象的意义，我们经常在 MBA 课堂上通过一个热点案例向班上学生提问，询问他们看完案例有什么样的想法，不同个性不同行业不同背景的学生总会有不同的体会。

我们由此得知：一个研究者所带着的理论角度，也许会得出某种结论或意义。但一位真正好的研究者，必须清醒地意识到自己正在使用什么角度，同时也要有能力去弹性换掉不同的理论角度。有时候，我们必须要放下原本的理论角度，这如显微镜使用不同的倍率，能看清的东西亦有不同。使用最大的倍率虽然能看得清楚明白，但同时也变得狭隘；而使用最小的倍率虽然不能看得精细，却能看到大范围的轮廓。所以，要能适时地弹性更换角度，方能成为一个好的质性研究者。

六、先有故事还是先有理论

那要如何弹性应用理论角度呢？究竟是要先有理论角度再来看故事？还是先

看故事再由其中产生理论角度呢?这是我们或者说很多质性研究者一直被问到或质疑的问题。有一派研究者主张先有理论角度再来看故事。但是,这样研究者很容易被固有的框架绑住,而只能看到框架之中的事物,李庆芳教授称之为"套套逻辑",即被既有的角度绑架。就好像把书架上的书拿下来,重新归类后又放回去,自以为所见即是真相。如此一来,研究者只是"套套逻辑",而非真正弹性应用理论角度。甚至有可能的是为了得到自己想要的结论,而过度诠释故事,污染资料。

尽管,我们不能说这样的研究毫无收获,但这个收获只能称为研究者自己想要看到的结果,整个过程只是研究者自己验证自己的想法而已,这样污染数据所导致的结果,其正确性与合理性便减低了不少。这也是我们前面提到质性研究常常会被质疑的地方。

另一派学者则认为,研究应该先有故事,再从其中浮现初步的理论角度,这样的过程比较客观与合理。在我们看来,这两派学者的观点并无谁是谁非,只是一个辩证的起始点,关键在于研究者是否可以产生一个循环性的反思过程,这个过程称为自我反身性;换言之,研究者除了思考自己使用的角度看到了什么之外,还要更进一步反思自己所带的理论角度对不对、恰不恰当,有没有其他更好的角度。所以,"先有理论还是先有故事"的争辩并不重要,关键是研究者到底能否弹性转换理论角度。

我们常常对自己的学生们说,做学术研究很重要的一点是要懂得站在巨人的肩膀上看世界:顶尖的学术大牛进行开创性的理论建设;杰出的学者沿着其方向探索更详细的方向;再有一批学者对前人提出的方向和理论进行验证;更多的时候学生们能做的是在前人的基础上进行一些小方向上的突破。因此,理论角度除了协助我们看得更高、更远之外,我们也要在前人的研究上,深化并思考其角度。换言之,用心地磨炼理论角度,正是质性研究的修炼之一。积累了内功,我们才能开采镶嵌于现象背后的真实意义,学习与了解的状态也就更加透彻、明了。在此,与各位分享李庆芳教授曾提过的一个精彩比喻:质性研究学者犹如磨镜片的师父!

§3 对话现象:重新赋予意义

湖南卫视曾经有一档谈话节目,叫作《背后的故事》,通过访谈的形式让许多名人与大家分享自己的家庭背景、生活经历以及不为人知的另一面。我们印象深刻的是有一期请到了当时火遍全国的选秀偶像马天宇,在那之前我们只觉得他和其他长得好看的男明星没什么分别。看了节目才了解到他的一些坎坷经历:他在5岁那年的中秋月圆之夜永远地失去了母亲,他的父亲也从此负债远走他乡,他和两个姐姐跟着年迈的爷爷奶奶长大。他从小吃了很多苦,为了担负起养家糊口的重担,到北京打工。因此,有着与年龄不符的丰富经历,也造就了他坚忍不拔、吃苦耐劳的优秀品质。

现象的背后,通常有一段惑人肺腑的故事;唯有勇于对话,才能赋予意义进而参解出实质的内涵。生活中有太多的信息,不间断地穿越我们的脑海;想法每天来来去去,有点儿像是吃进肚子里的食物,尽管琐碎,但却很重要。这些信息经过接收器官,由神经传达至大脑,繁复的信息由大脑来处理,决定它的去留。重要的信息大脑会选择保留它,对于我们本身没有意义的信息,就会自动地让它倏忽即逝。这样的信息处理方式,使我们不由得好奇,我们的大脑究竟是依据什么标准来判断信息真正的价值在哪儿呢?为什么某些信息本身没有太多的意义,但却经由接收者的敏锐判断,使之重新解读而变成有意义的学习点呢?

我们想,我们应该要练习如何把周遭事物重新赋予新意义,让我们或是他人,看见那些事物的本质,呈现它的另一个面貌。简单来说就是勇于重新解读事物的意义。具体来说,包括以下几点。

一、赋予可能的意义:实质意义与教育意义

在最近一次暑假去抗洪救灾的时候,当地的小学正好在进行垃圾分类的教学。我们注意到学生这么努力做好垃圾分类,而清洁人员却把所有垃圾倒进了同一个地方,这种昨日重现对今天的我们而言,使我们感到矛盾与认知不和谐。人们的生活都在惯性中盲从了,失去赋予意义的本能。当我们看到学生们努力地做分类,却被一起倒进垃圾车中,当下我们心里赋予它的第一个意义是:学生这么努力地在做环保,换来的却是一场空。我们贴的意义标签是:这种垃圾分类的教学,根本不具任何的实质意义。

在接受质化训练以前,要是发现原来都是"白做工",肯定会感到沮丧,觉得既然这件事情没有意义,那为什么还要辛苦地去做呢?但在养成赋予意义的习惯以后,我们对这件事情释怀了。我们换了另一个角度去看待它,也重新赋予了它新的意义。我们发现,表面上或许垃圾分类没有任何实质的意义;但却富含教

育意义。换言之，如果以教育的角度去观看，我们的教育相当成功了，学生了解了环保是一件重要的工作，并且真的动手去做了环保。再者，当我们长大了，还是会有概念要将废旧电池单独回收，看到路边垃圾桶分为"可回收"和"不可回收"还是会有意识地选择把手中垃圾分类放进去。因此，转换角度思考后，我们对整件事赋予的意义是：尽管不具实质意义，但却富有教育意义。

二、意义没有对错，但却能悟出更多的道理

重新对事物赋予新的意义十分重要，它能帮助我们重新找到现象背后更深层的意义，提升我们对事物的洞悉力，发现事物的本质。然而，现实中大部分人都不愿赋予意义的原因多半是怕犯错，害怕给了意义却无法客观地求证。

其实，我们不用太在意赋予意义的结果，且没有所谓的对错。事实上，对现象所赋予的意义很主观，也不一定是理性的。意义，就只是一个意思罢了。在日常生活中，我们遇到了小问题，都会试着提出暂时性的解释，如果对这个解释不满意，我们还可以更进一步地探究答案，一直到这个解释令自己满意为止。对我们研究者而言，如果对自己当下的解释感到不满意，就会再收集信息、思考、判断再解释，直到厘清整件事件为止。

和大家分享一个有趣的小事情，我们常常会开玩笑说，看一个企业就要去看它的洗手间是否干净整洁，是否会备有卫生纸、洗手液等。其实这个玩笑是有几分道理的，我们去一个企业参访时，会珍惜每一个可以观察的场景，洗手间也是。如果发现纸筒中是空的，我们就会问自己：为什么是空的？然后心里给出一个解释：可能是打扫的阿姨忘记更换了吧！但如果过了好几天，依旧是空的，我们心里就会又产生一个疑问：是不是这方面的经费预算有限？还可能给这件事情赋予一个新意义：是管理的机制出了问题吗？当我们觉得这件事情背后很有意义时，我们可能会去找清洁阿姨问个清楚，以验证我们的推理，而这个访谈的结果或许会带来不一样的发现甚至惊喜。

三、如何对事物重新赋予新意义

前面说到了是什么和为什么，接下来，我们想谈怎么做，即如何对事物重新赋予新意义。过去，我们对"专注"一词感到困惑，常听到前辈说"做研究要专注"，可是我们却连日常的生活作息都未能专注，所以我们开始一直问"什么是专注，如何才能专注呢"。直到后来，我们重新赋予意义后，才真正知道如何

才能专注做一件事。经过我们的解读、思索后，我们从三个角度重新赋予了"专注"新的意义：一次只能做一件事，要设定完成时间，废寝忘食。因此，我们认为采用不同的角度赋予意义，看出不同的本质，这是质性研究根本的原则之一。以下，有三点可以来帮助我们思考如何赋予意义，以及采用不同的角度来看事物。

1. 借由别人的角度思考，并赋予意义

每个人所站的位置、知识结构、个人经历不同，看待事物的角度（价值观）一定也是不同的。我们不妨试试站在别人的角度来思考，甚至，我们还可以比较"我们的角度"和"他的角度"有什么异同，也能探求为什么会不一样的脉络与情境。这个"别人的角度"可以是我们的对手、朋友、父母、老师、客户，也有可能是我们讨厌的人。相信这样的解读方式，能使我们看到的东西变得更宽广、更深刻。

2. 把时间拉长去找意义

我们都有一个经验是，当我们拉长时间来检视或回顾事情的来龙去脉时，真实的意义变得多样且不同。我们常常安慰年轻人：现在看起来很多巨大的困难、深刻的痛苦，那些让你深夜痛哭的理由，当过些年你再回头看的时候，便会发现不值一提，那些年少时觉得难以越过的坎、难以抉择的路、难以忘怀的伤痛，都不过是很小的事情。这就像原来成功的企业，后来却栽了一个大跟斗；原来不起眼的企业，后来却有声有色。因此，当下的状态只不过具有暂时性的意义罢了。一旦我们把时间拉长去思索，重新对这件事情赋予意义，我们常会有意外的发现。质性研究者从事过程研究时，长时间地解读意义也是常用的思维方式。

3. 站在社会贡献的角度赋予意义

不少博士生在毕业时能找到在当时待遇相当不错的工作，但最后还是选择了做老师。一开始，我们是用我们的热情在当一名大学老师。但是时间久了之后，开始感到有些倦怠，热情不再一如当初热烈，工作渐渐变成了生活的工具。在探询工作的意义中，我们对自己的工作赋予了一个新的意义。后来，我们开始用社会贡献的角度来思考，教书是一种奉献。我们能影响几个学生不重要，但只要播下种子，就有可能改变社会。这使我们感到我们对社会有了贡献，并从而使之变得更有意义了。换言之，我们观看事物的角度，将能影响我们的身心，我们对现象不断赋予多层面的意义，也影响了我们的思考模式和价值观。我们常常活在别人的期待中，过着懵懵懂懂、盲目与盲从的生活，连自己怎么过来的都不知道。

质性研究的六项修炼

也许,当我们对周遭敏锐洞察并赋予意义后,将使我们拥有一个更清晰的人生。

§4 对话经典:反客为主,与大师斗智

博士生或新进研究者阅读文献资料时,总将自己当作客体,视文献为主体。举例来说,学生在学习的过程中,总是全盘接受老师所讲授的知识,对事物的见解仅从未知进步到已知的层次,就已心满意足,不愿再深入思考。这种就是认为老师是主体,而学生本身是客体,形成一种被动式的学习,学生在学习过程中只进行一种约束性的思考,而无法延展为扩散性的思考。我们不必太执着于真实。世上没有客观的知识,知识是通过建构来的,因此,我们在阅读文章时,一定要有反客为主的心态,将自己当作主体,视文献(或老师)为客体。老师所讲授的内容,其实是客体对主体的一种刺激,学生在这种刺激之下,应当不断反省与思考,培养主动学习的心态。就阅读文献而言,我们的体会是,要反客为主,与大师斗智。

一、反客为主读文献

研究者在阅读文献时,心态上也必须反客为主,将文献数据视为客体,通过客体的刺激思考反省:这篇文献内容是对的吗?文献对我们的研究有贡献吗?这篇文献与那篇文献有关联吗?该怎么跟文献进行对话?经过反省后,研究者即可串联文献资料,建构自己的知识体系,使之不再只是零散的知识片段。

反之,如果研究者本身习惯于当客体,在阅读文献时,势必轻易相信它是一个客观的知识,而不会深入思考反省,无法建构自己的知识体系。这也是为什么常常有很多学生向我们反映明明读了很多文献依然没有办法构思一篇属于自己的好论文。所以,研究者不能完全相信文献,这不是否定文献,而是要将文献当作客体,透过它对研究者的刺激,使研究者开始对自己的研究进行反省,才能使研究者产生新知或创见。以下,我们将"反客为主读文献"的方式归纳为"得知识""会解释""能诠释"三个层次。

1. 得知识

作为研究者我们都知道阅读文献的重要性,一般来说,初学者读文献都是看了一大堆之后只记得一些零散的知识点,并不能整合到自己的知识结构里,于是

一个知识点归属于一篇论文，A 是 A，B 是 B，丝毫无法进行有效关联。之所以会是这种情况，主要是因为初学者还没有养成主动思考的习惯，总是把文献看作主体，自己只是被动去接纳，就像一支录音笔，只反映文献作者所提出的见解，而自身并没有独特的看法与深切的反省。如果看到这里觉得是在说自己的，也不必灰心，在我们看来，这是初学者的通病，我们也曾是这样子的。

2. 会解释

要想改变上述的情况，我们就要在阅读文献后，除了接受知识之外，还要能透过反客为主的态度与文献进行对话，开始反省思考。在这个过程中我们需要深入理解知识的内涵，并在保留作者原意的前提下，重新对文献进行阐述，这就是第二层次的"会解释"，使用自己熟悉的语言解释作者的论述。我们对研究生的要求是，让他们互相讲解自己所阅读的文献，因为分享的过程就是自己阐述的过程。不仅要说出这篇文献讲了些什么，还要能反省文献具有什么意义与价值。我们经常会问他们：这篇文献读完有什么启发？你对这篇文献持什么看法？通过循循善诱让他们逐渐实现反客为主的过渡，不只是主客立场的逐渐对换，更是主客体之间初步的互动。

3. 能诠释

往往经过一两个学期的第二层次的练习，就可以开始进入第三层次了，即当经过"得知识""会解释"两个阶段后，还要善于运用反客为主进阶到"能诠释"的层次。能诠释是指研究者在掌握文献资料的核心后，运用自己擅长或熟悉的语言文字提出见解，相比于第二层次，关键在于能展现强烈的自我风格。解释与诠释同样是与文献进行对话互动，所讲述的是同一个观念，但诠释要求的是丝毫不见原作者的影子或气息，而是研究者的创意。研究者历经客体的得知识、主客变动的会解释两个时期，至此会转型成完全的主体能诠释，将反客为主的态度发挥到淋漓尽致，建构清楚的研究脉络与知识体系后，用自己熟知的理论与风格诠释原本的观念，达到名异实同的效果，甚至呈现另一种风貌的新见解，也使提出的研究论点自成一家。但想要真的进入这一层次很难，需要深厚的理论积累和确定自己的主要研究领域。

反客为主是研究者面对文献的心态，而得知识、会解释、能诠释是研究者阅读文献的三种层次。如果我们将文献比作商店，那么商店中的商品就像文献中的观念。"得知识"这一层次的学习就像是一家商店，它只单纯地卖商品给客人，所以商店是主体，客人是客体；换言之，研究者只是一位单纯的消费者。"会解释"层次的学习，研究者就像在开加盟店，它与本店的老板是同一个，卖的商品相同。本店可以发布新的方针给分店，而分店也反映客人在不同时空的意见给本店，研究者只是复制本店的加盟店。"能诠释"这一层次的学习中，研究者像是创业家，他深入了解商店的经营模式与商品的优劣后，经过刺激与思考，决定自创品牌。虽然所贩卖的商品与原本的商店相近，但是商品经过重新包装后，创业者具有强烈的自我风格，使两家店的品牌形象不同，而他也不再是消费者与加盟店的加盟者，立场地位晋升成老板，完全地反客为主。

二、读经典要与大师斗智

与经典对话不单是说要像海绵一样，单向地吸收与接受既有的知识，更是一个与大师过招的思维练习过程。

1. 心态上从客体转换为主体

自信，从思辨开始。从小学课堂一直到大学课堂，一个明显的变化就是，学生们越来越不愿意主动与老师互动，不愿提出自己的想法和见解。当然，引起这种变化的原因可能有多种，但在我们看来一个很重要的原因就是，我们的学生由于长期受到的教育已经习惯被动接受而不是思辨，总是等待一个标准的答案，因此没有自信，不敢在公众场合随便发表自己的观点，生怕出错被人嘲笑。学生们听话吗？当然听话，但这种听话也有一些可悲。

这种缺乏思辨的不自信会体现在很多方面。例如，阅读文献时，只是将英文文献简化并翻译成中文，老是把大师当成主体，压抑自己的声音，自愿当个无声的客体，文献发表的期刊越顶级、作者越知名越是如此，阅读的动机只是想获取知识。因此，尽管读懂了文献，但事实上并未完全读通：读懂是知道大师的概念与写作方法；读通则是借由大师的观点，进行调适性学习，并能对自己有所启发。例如，能杠杆运用某篇文章的写作方法，提升或建构自己的文献脉络，也能与自己的研究，找到差异性，甚至弥补理论的缺口。

2. 从对话提升为斗智

要如何与大师斗智呢？我们试着将斗智分为两个阶段：

（1）第一阶段：用我们的语言叙说大师的思想。比起量化研究者，质性研究者更能体会到一点，那就是知识原本就认同多种声音共存的真相。可是，大部分的学生甚至老师却只认定大师的做法与叙说的方式，认为那就是最佳典范，不敢用自己的语言重新解读，担心解读错误。其实大可不必这么担心，当我们读懂之后，应该尝试用自己的叙说方式，重新诠释大师的智慧，唯有用自己的话重讲一遍，才能真正理解大师的智慧。

（2）第二阶段：用我们的智慧与大师"对打"。当理解大师的智慧后，我们要做的是尝试攻其弱点。套用最简单也最常用的SWOT分析来说明，看看是否能找出大师的至少三个弱点（盲点），然后写下来，接着，用自己文章的三个优点，去"攻击"大师智慧的盲点。因为当大师看到一个优点时，相对也会有看不见的盲点，我们可以运用这种"对打"的方式，试着指出三个弱点，再设法一一攻防。其实这种方式是常见的，回想一下论文答辩，学生和老师之间不就是这样"对打"的吗？

§5 资料与理论对话的四个步骤

其实很多人都没有与理论对话的习惯。如何重新解读故事、重新了解数据与理论的关系呢？仍然是对话，即不断"问—想—答—事证"的循环。与理论对话实际上是一个找差异与意义的互动过程。过去我们阅读文献时，尽管知道要思考文献中的观点与自己研究的关联性，但却始终抓不到头绪，更不知如何下手。经过不断摸索，我们试着将与理论对话的过程归纳为四个步骤：①编资料分析表找出研究的亮点；②列出对立的研究论点；③绘表比较与对立观点的差异性；④对差异与意义进行叙说。

一、第一步：编资料分析表找出研究的亮点

在与理论对话前我们要先想自己的研究亮点是什么，并试着绘在思维导图上，使自己研究的亮点一目了然的同时，也能进一步对研究内容进行梳理，做到胸有丘壑。

二、第二步：列出对立的研究论点

将自己阅读的几篇主要参考文献的论点绘制在思维导图上，然后我们开始思考自己的研究亮点与这些论点的差异性，并探究这些差异存在的意义。总之，先让这些研究的亮点、论点碰在一起，看看可以激发出什么新的灵感。

三、第三步：绘表比较与对立观点的差异性

我们把不同对象（自己的研究、对立观点）列为 X 轴，把有差异的论点列为 Y 轴，然后把两者的差异填入表格差异分析表！这个步骤不知不觉中会协助我们从故事、理论及研究经验中萃取出不少新的知识。

四、第四步：对差异与意义进行叙说

当我们完成比较与对立观点的差异性的分析表后，脑海中通常是有一些想法与创意的，但接下来，更重要的是透过叙说与写作将存在脑海里模糊且容易遗忘的想法具体化。因此，重要的是说出来、写下来，试着具体化为可阅读的文章。这篇文章将不仅是一篇理论对话，更是一种文献探讨；同时，也可以找出研究的理论缺口，成为论述理论贡献的素材。

与理论对话这四个步骤练习有三个好处：第一，能更清晰地掌握既有的理论脉络。第二，对话后，可以找到理论贡献。第三，有助于建构自己研究的知识结构图。

§6 打破思维框架的魔咒

一、框架就是一种思维的角度

当我们介绍质性研究时，常常会说的一句话就是：发生同一件事情，不同的身份、立场、知识结构的人肯定会有全然不同的解读。这样的现象，正是因为所持思维框架不同所致。换言之，当我们采用了一种角度来看事情时，它会有两种必然的结果：一方面，我们可以看得更深；另一方面，我们的视野也被框架限于某一个范围。这就像是使用显微镜一样，可以放大，但范围必定会缩小。

二、反思：我思故我在

当我们接触到质性研究以后，我们常常有意识地去反思，开始带着某种角度看世界。如果说原先的我们是蒙上眼睛的，看不清任何东西，没有思维的框架，也就是没有任何有深度的见解。这几年下来，我们终于学会遇到事情先解读看

看，如会经常受邀在一些时报里从自己的角度解读一些热点事件。我们经常问自己：从这件事情，我们学到什么？我们回去要做什么改变？这就是我们理解的反思。换言之，反思是在既有的思维框架上进行反省，思索现象背后的本质。

三、反省性反思：我思辨故我成长

反省性反思又是什么呢？我们目前的理解是，不仅要在既有的框架下反省（也就是所谓的反思），我们还要打破既有的框架，反省既有思维框架的限制，用不同的框架重新看待事情的本质。思辨或者说"思变"的意义，其实是要变化思维的框架。换言之，反省性反思不仅在既有的框架上反省，思索现象在此框架下的本质外；还要觉知既有框架的限制，甚至改变既有框架，巧妙地用另一种框架，更深层地思索现象的本质。

四、框架是转换境界的助力，也是阻力

对我们目前而言，反思已经够好用了；然而，思维的角度协助我们看清事情的本质，同时也阻碍我们的视野。因此，反省性反思进一步提醒我们，要时时觉知自己思维框架的框限。我们在生活上、研究上、教学上，应该时时反思：我们持哪种角度？这种角度适当吗？如果我们换一种角度，结果会如何呢？

思维的角度（框架）既是一种解读现象的助力，同时也会是一种阻力。唯有当我们能不断地在反思与反省性反思中调适，才能打破框架的魔咒。

第八章 第六项修炼：创意铺陈

§1 创意的五个来源

自从决定把研究重点由定量研究向质性研究转移后，我们就开始着重对自己创意思维的培养。因为质性研究需要创意、铺陈、写小故事。然而"创意"是什么呢？创意从何而来呢？事实上创意与灵感有关。IKEA生活杂志中这样诠释："创意，就是想几个点子，然后动手试试看，好好去玩！"如果我们每天都能在"消费、服务、教学、研究"中想出几个点子或创意，并动笔记录下来，不断积累。等到我们需要串联文章时，一些巧思也会源源不断地涌现出来。

这本IKEA生活杂志当然与日常的生活有关，文中提及"启发创意的方法来自于自然：包括大自然的形式、光线与色彩"。这样的论述，也激起我们思索质性研究中创意（生活灵感）的来源，并提炼出创意来源的五大元素：自然、对象、空间、时间、心灵能量。

一、第一个来源：自然

自然界的现象正是"创意"最好的启发来源。许多建筑设计来自生物的智能，如利用白蚁筑巢的方式，设计优质的散热系统。事实上，植物进行光合作用、水往下流等这些自然的运作智慧都可以是研究创意的来源。

二、第二个来源：物件

质性研究的创意来源为对象，是指以实体的对象作为创意的来源。我们可以从生活中所接触的对象获得灵感。例如，一件艺术品、一尊佛像、一个茶杯、一幅画，当我们沉浸在这些创意对象里，常常能激起我们的灵感或感动，进一步从物的美感升华为心灵的感动。或许,下次当我们看到一个茶杯,细细品味也能有所感动,从物美升华为心美,进而,对我们在研究过程中,铺陈美化小故事,有一定的积极意义。

三、第三个来源:空间

空间或称为活动的脉络,常常会启动我们的创作能量。例如,城市与乡下、新空间与旧空间、旅行与回家。当我们深刻感受空间的转换,这些都是创意的刺激物。例如,有些人会跑去星巴克或咖啡店写作,因为他在那里特别文思泉涌。

四、第四个来源:时间

时间的移换常是创意的来源。当我们看到小时候的玩具、零食,会勾起许多的童年回忆。这时,创意来源的元素并不是"玩具与零食"这些对象,而是时间脉络中的"怀旧"元素。因此,"过去、现在及未来"的移动,关于时间的想象,这些都是创意的来源。此外,工作的时间、玩乐的时间、发呆的时间、冥想的时间,关于时间的转换或融合,都可以通过运作而成为创意灵感的来源。

五、第五个来源:心灵能量

个人的心灵能量,也是创意的来源之一。试想,为何有些人特别敏锐、容易感动、也容易放空呢?答案或许是个人心灵能量的不同。一个人的快乐与忧伤、每天生活习惯的细节,不仅决定一个人的心灵能量,也决定这个人的创作灵感。因此,创作人要特别留心自己创作能量的孕育、累积与应用。

六、我们的反思:孕育创作灵感

当我们了解这些创意与灵感的元素后,下一个议题会是,我们要如何"运作"这些创意的元素呢?过去,我们从拼贴(Bricologe)中学会创意3R:重新设计(Redesign)、重新思考(Rethinking)与重新组装(Reassembling)。现在,我们又从IKEA生活杂志中,体会新的创意作为"更换"(Replace),包括更换空间、更换能量、更换风格、更换对象、更换时间。因此,通过动词与内容的创作组合,可以继续发展出拼贴、混搭、连接、即兴组合的创作实践(Creative practice)①。"在生活中寻找创新、在思考中优化创意",长期坚持会发现,这个习惯会让我们在进行研究时省力不少。

§2 创意铺陈,其实可以很简单

养成勤做笔记、拟定计划表、修炼思维的好习惯,创意铺陈的灵感就会自然而然、源源不断地涌现出来。

一、创意的前提

在我们看来,"创意不是天上掉下来的礼物"。因此,产生创意事实上有三个必要的前提:第一,一定要大量地阅读,种下创意的种子;第二,让时间去发酵,孕育独特的创意;第三,养成转型(Transform)的习惯,实现自我的创意②。我们讲述的重点是针对第三点——养成转型的习惯。依据我们的经验,归纳为下面三个转型的习惯。

1. 勤做笔记

创意来自于对当下情境的直觉、感动,不是坐在桌前就会产生的,而是随时随地、随着知识体系的构建突然间浮现的。因此,这种感动或者灵感的爆发常常稍纵即逝。所以,当它出现的时候要将其抓住,勤做笔记是不二法门。

我们的建议是,可以用几个关键词或简单的一句话把当下的想法记录下来。当我们回过头来梳理思绪时,常常会从我们自己的笔记中寻找到许多想法。

我个人从大学时期就习惯性地做阅读的创意笔记,大学4年,我的读书笔记整整装满8个大箱子。现在,我随身携带一本皮面笔记本,时刻记录自己的所见、所闻、所思、所想,不经意间进行翻看,寻找研究或者是发散的思路。

这一点,李庆芳教授与我有相同的感触。但与我"一本记录所有"的方式不同,李庆芳教授习惯随身携带三本笔记:第一本是"行程笔记本",主要记录会议、行程规划、待办列表、购买列表等;第二本是"创意笔记本",记录生活

---

① Choo C. W.. The Knowing Organization:How Organizations Use Information to Construct Meaning, Create Knowledge and Make Decisions [J]. International Journal of Information Management, 1998, 16 (5):329 – 340.

② Carlile P. R.. Transferring, Translating, and Transforming:An Integrative Framework for Managing Knowledge Across Boundaries [J]. Organization Science, 2004, 15 (5):555 – 568.

的琐事、一时的想法、杂七杂八的记事等；第三本是"思维导图笔记本"，是有关于会议记录、思考研究、合作方案等。李庆芳教授说："之前我自己对笔记也是半信半疑，不过后来却发现光是写下它、阅读它，竟意外滋生出更多想法。"

2. 拟订计划表

在时间管理上有一招是"按表执行"，我们觉得这招对于产生创意很有用。例如，我们会记录下自己今天阅读了什么以及当时的心情。可是经过一些时间的发酵，当我再次翻阅这些笔记时，竟然意外地串起不同时间点的想法！我想，这是因为勤做笔记、加上重复地阅读之后，这些想法进入潜意识运作的结果。

3. 修炼思维

修炼思维是贯穿创意三个习惯的精髓。其实，这三个习惯是融合的（Entanglement）、不可分开的。李庆芳教授曾分享过他的经验，他说："我的三本笔记表面是记录情感、行程规划、记事等。当我要写下今天发生了什么感动的事时，在这无形当中我的思维就被启动了。在阅读笔记时，脑子也会开始运作，也是启动思维的一种方式。"

关于"思维"这个习惯，我们的体悟是"爱也质性研究，恨也质性研究"。李庆芳教授教的这些思维的技巧，着实令我成长不少。可是这习惯有时也造成了我的困扰，脑袋整天总是不断地东想西想，睡前也想、醒来也想。有时，我真期盼"不要想"，以期可以享受片刻"失忆"时光。也就是说，修炼思维并不是一直塞东西，还要在"空""有"之间来回不断地调适。

最近，我们有一些关于思维的技巧与经验。首先，第一个技巧是思维导图，这个图的确是很好的思维工具；我们利用它构思、开会等，以提升我们的工作效率。其次，第二个技巧是"直觉与潜意识的运用"；关于这个，我们试着在睡前想一个问题，然后再丢给潜意识去运作，有时隔天醒来就会有答案。最后，第三个技巧是，醒来后刻意不下床，让自己躺在床上"乱想""空想"自己今天要做什么事？

这是我们的思维技巧，我们觉得很好用，你也可以试试看。

二、创意生活，活出创意

创意不只用于研究，也用于生活、学习。因此我们总是自问："有没有更有效率、更有创意的方式？""研究即生活，生活即研究"，我们也应该以融合的观点过创意的生活。"勤做笔记、拟定计划表、修炼思维"是我们最近体会的三个

质性研究的六项修炼

习惯。

不过,人还是要休息。倘若一直处于紧张的状态,会比较疲劳。所以这三个习惯,还要再加上适当的"放松、放下、放空",才能让创意源源不绝。这便是"空"与"有"的概念,能"空"才能"有"。至于到底要如何放空?我们已经纪录在我们的笔记本里了。等待时间的发酵,或许思维过后,就会整理出我们放空的三个习惯也说不定。

§3 构思的三个技巧:探究质化论文的本质

构思就是布局,也就是铺陈,其技巧是将案例有趣化、问题化、化危机为转机。透过这三个构思的技巧,我们能从平凡的案例中,萃取我们的生活智慧。

一、构思技巧一:案例有趣化

案例有趣化就是将案例发展成独特有趣的故事情节。质性研究的研究问题要吸引人,通常我们会以案例呈现有趣的社会现象或组织问题。例如,某家企业的发展由很成功到很失败,或者某个专业计划执行由失败到成功,或成功变失败,失败变成功……反复地演变。总之,故事本身必须是一个有趣的案例。

因此,当我们在收集田野数据时,就得不断思索如何铺陈、布局这案例。若是没有铺陈的话,它就会沦为一个"流水账式"的故事。那时,无论案例多么有深度和洞察力,读者也无法感受其中的奥妙。例如,BMW如何传达"用心、贴心、放心"的"三心"服务呢?企业对顾客不当行为的应对方式是什么?为什么欧莱雅、博士伦等品牌一打降价广告,业绩就下降?有不有趣、是否动人不取决于案例本身,而是看我们如何布局这些数据。例如,爬过硬邦邦的铁轨、软软的橘子撒了一地这些看似平常的素材,经由朱自清的巧思,发展成为《背影》这样一篇动人且发人深省的故事。

由此可知,要尝试发展一个有趣的案例,就得从仔细品味生活开始。

二、构思技巧二:案例问题化

案例问题化就是将问题意识带入故事脉络之中。延续上一个有趣、独特的案例,故事具吸引力的关键是它能呈现一个发人深省的问题点。许多人之所以写不

· 148 ·

出好故事,并不是缺乏素材,而是尚未找到故事到底能凸显什么样的问题。因此,我们可以常常问自己,这些资料背后到底有什么问题。例如,在探索研究同属顾客对顾客不当行为反应模式中,每个具体案例里,都镶嵌着案例的关键点。"问题化"就是在每个案例中都找到一个关键点,然后再用适应性学习理论①解决它。这是第三个构思技巧,下文会有详细论述。

总之,透过问题化的构思技巧,不仅可以增加故事的趣味性,也可以大幅提升案例的价值性。

三、构思技巧三:化危机为转机

化危机为转机也可称为化阻力为助力,即构思创意的解决方案。当我们以"问题化"技巧重新布局资料后,每一案例背后都会有1~2个挑战点或问题点。如服务的缺口、企业经营的痛点、成功的典范,成功或失败的历程。于是,我们接着要思考如何化危机为转机或化阻力为助力;设法将"痛点/痒点"转为"亮点",将服务的缺口转为创新的契机。这时候要思索的是,如何替问题点找到创意背后的解决方案。

如何化危机为转机呢?我们可以试着带入理论的视角,重新解读故事背后的本质,或所谓底层的运作机制。例如,在探索尚品宅配商业模式的案例里,我们用电子商务领域的一些理论视角,如我们用C2B创新、O2O体验、大规模定制、大数据技术等去解读尚品宅配发迹过程中成功的原因;我们用新媒体营销的视角,去解读小米手机、华为手机在市场上成功造势的发力点。

其实,我们要关注的重点是,故事问题化之后要用理论破解此问题。也就是说我们平常阅读文献的用意即是要找到解读化危机为转机的角度。

四、我们的反思:布局、数据、对话、亮点

一篇论文的关键之处在于作者通过布局,将现象变成有趣的案例,又将有趣的案例问题化,以便凸显数据背后问题的症结,再借助理论角度化危机为转机,找到研究的亮点。换言之,即是从每个案例的脉络发展中,萃取出实用的智慧。

总结来说,针对写论文的三个构思技巧——有趣化、问题化、化危机为转

---

① 适应性学习是通过自身原有知识经验与适应性学习系统进行交互活动来获取知识、获得能力的过程。在这个过程中,学员能够自我组织、制订并执行学习计划,并能控制整个学习过程,对学习进行自我评估。

质性研究的六项修炼

机,我们的建议是:首先,论文写作时应把故事变得有趣,就像我们看电视一样,好的剧情发展总是令人意外,其剧情的发展并不是线性、可预期的;其次,也要想想看,到底案例能凸显什么问题点(既是痛点也是生活智慧),而且越痛越好,若读者有一样的痛点,他们便能感同身受;最后,思考我们可以运用什么理论观点化危机为转机,进而找到智慧。

我们相信,换个视角将看到不同的景致。读文献也不只是为了要做研究,文献中的理论可以启发我们看世界的角度,协助我们从每一个问题中撷取智慧。

§4 铺陈,深化研究亮点

"创意铺陈"是六个质化修炼中,较高阶段的修炼之一。文章缺乏铺陈的三个原因如下:叙说者没有问题意识、没有铺陈顺序、没有解读意义。若要有梗,我们必须在生活中实践三个行动:"归纳为三个亮点""这样推论是否合理""抛弃既有框架"。于是,我们发现——铺陈,才能深化研究亮点。

我们上课时常请学生写故事或描述一件事。可是,我们常常感觉云里雾里,不知其所云何事。同样地,当我们读文章时,也常遇到不知"作者所云"的状况。我们想,这有两种状况:一种是对方讲不清楚;另一种是我们的背景知识不够,因而不能理解他要表达什么。下面的论述是以"对方讲不清楚"的状况进行说明的。

我们静下心来,将之归纳为三个原因:第一,叙说者没有问题意识,没有思索这个故事可以告诉我们什么事。第二,叙说者没有铺陈顺序,只是一堆数据的堆砌与累积。第三,叙说者没有解读意义。自己都没有想过有何意义,闻者当然无法理解其所要传达的意义。

换言之,铺陈有三个小技巧:第一个技巧,要嵌入问题意识;第二个技巧,要安排事情发展的顺序;第三个技巧,要解读故事背后的真实意义。所以"提问题、安排顺序、解读意义",也就是我们想分享铺陈的三大技巧。

不过,要修炼这三大技巧并不用坐下来写文章才可以修炼。事实上我们的生活中随时都可修炼创意铺陈的功力。个人认为,一旦持续精进这个修炼,肯定可以找到生活上及研究的新亮点。于是,我们把生活中修炼铺陈的练习,转化化为三个行动:行动一,归纳为三个学习点(亮点);行动二,这样推论合理吗;行动三，毁灭既有的框架。下面，我们进一步进行说明。

一、行动一：归纳为三个学习点（亮点）

第一个行动是先养成"提炼归纳三个学习点"的习惯。当我们听完一场演讲、读完一篇文章，首先请养成"当场就归纳为三个学习点"的习惯。因为这样的做法，使得我们的大脑会一直出现"我们学到了什么"这样的问题意识，无形中会增加我们对现场的敏锐度。

其次是"要勇敢，不要怕"地归纳三点。之前，我们并没有养成归纳三点习惯的原因，就是怕归纳得不好，"点不亮"。但其实，这些害怕都是多余的。总之先有三点再说，然后持续地进行推敲和深化。

最后是"觉知是不是这三点"。当我们有了三点为基础后，便可以再问"有没有第四点"，"第四点会不会更好"。换言之，又回到"勇敢不要怕"地再问、再换另外三点、再来一次归纳的练习。几经这样反复，一直到确定"觉知就是这三点"。

简言之，行动一背后的真相就是"当场归纳三点""勇敢不要怕""觉知是不是这三点"，启动提升问题意识与解读意义的善循环。

二、行动二：这样推论合理吗

第二个行动是养成问"这样推论合理吗"的习惯，我们要养成时时质疑、时时提问的习惯。首先，当我们"自以为是"地归纳三个亮点之后，要能找出佐证数据，找出能支撑三个亮点（论点）的事证（Evidence）。为了做出合理的推理，这时我们的脑袋就会出现"亮点，有佐证资料吗"的问题意识。无形之中，就会增加我们对论点的合理论述（即合理度）。

其次，要辨析佐证资料是事实（Facts）、还是判断（意见）（Opinions）。之前，我们对两者一直分不清楚，没有深度加以区分。相信很多人跟我们一样有类似的体验。例如，一个人说"我吃很多，很饱"只能算是一种判断，会因人而异。因为可能有些人吃半碗就会很饱，不能完全令人信服。如果是"我吃了五碗饭，好饱哦"这样也勉强可以算是事证（Evidence）。再举一个例子："今天天气很冷、树林很大。"这些都只是判断与意见，都是因人而异的。如果改成"今天气温降到10摄氏度，好冷哦；有一片四百公尺跑道大的树林"。这样才可勉强算是事证（Evidences）了。也就是说，我们要学会思考、辨析呈现的佐证资料

"是事实（Facts），还是判断与意见（Opinions）"。

最后，要注意"多一点事证（Evidence），以增加论述的合理度"，即"多一点事实，少一点判断"。我们的个人经验，判断标准是80%/20%，八成的事实（Facts）加上两成的判断与意见（Opinions），就会是一个好的事证（Evidence）。在我们看来：

事实（Facts） = 客观的陈述

判断与意见（Opinons） = 事实 + 个人的经验

事证（Evidence） = 80%事实 + 20%判断与意见

因此，行动二背后的真相是"有佐证资料吗""是事实、还是判断与意见""多一点事证"，这样我们才能启动问题意识与安排顺序的良性循环。

三、行动三：毁灭自己的框架

第三个行动是养成"毁灭既有框架"的习惯。我们常常局限在自己的思维框架、思维模式里，不会主动求新求变。

首先，为了跳脱既有思维框架或习惯领域，要一直质问自己"有没有更好的论点或者方法"。这无形中会培养我们对表象的批判意识，提升我们看事情的广度、深度和高度。

其次，要"觉知"既有的"故事框架"。之前，我们并没有习惯问自己"用什么框架来解释故事"。由于我们没有意识到"所用框架"，自然也不会去反思"有没有更好的框架"，这其实是对既有框架的"无知与无感"，是我们在进行质性研究的过程中应该去克服的。

因此，我们要勇敢地毁灭既有的框架。当我们觉知既有框架后，要能进一步勇敢地毁灭，才能"破茧而出"。任何事物的成长都须经过"蜕变"，必须"脱壳"才能成长，转型成另一个新状态。

行动三背后的核心是"有没有更合适的框架""要觉知既有的框架""要毁灭自己的框架"。一方面，"框架"是设定范围、找到解读意义的支点；但另一方面也可能"框限"了意义。如果我们能毁灭既有框架，便能启动"问题意识"与"解读意义"的良性循环。

四、我们的反思：用"创意"找"意义"

之前我们看过一篇文章谈到"搞怪"与"创意"是不同的。其中一个差异就是"有没有价值、有没有意义"因此，有意义的铺陈就是"创意"，也唯有"创意铺陈"才能开采出"新意义"，并能顺利找到研究的亮点。

我们透过铺陈的三技巧：是问、安排顺序与解读意义，才容易找到研究的亮点。根据我们的学习经验，修炼这三个技巧可从生活习惯采取"归纳为三个学习点""这样推论合理吗""毁灭既有的框架"等三项具体的行动，以提升创意铺陈的功力。

总之，创意铺陈就是，铺出漂亮的"框"，而这个"梗"就是"有趣的问题、精彩的故事顺序、丰富的意义"。换言之，"梗＝故事的顺序＝意义"，我们通过"有梗"的铺陈才能从中悟出有价值的研究意义。

创意铺陈技巧的修炼归纳如表 8-1 所示。

表 8-1　创意铺陈技巧的修炼

行动	问题意义	修炼方法	学会创意铺陈技巧
行动一： 归纳为三个学习点 （亮点）	我们学到什么	• 当场归纳三个学习点 • 勇敢，不要怕归纳 • 思考是不是这三点	• 问题意识 • 解读意义
行动二： 这样推论合理吗	亮点有佐证资料吗	• 有佐证资料吗 • 是事实（Facts）还是判断与意见（Opinions） • 多一点事证（Evidence）	• 问题意识 • 安排顺序
行动三： 毁灭既有的框架	有没有更好的 框架、方法、论点	• 有没有更好的框架 • 思考既有的框架 • 勇敢毁灭既有的框架	• 问题意识 • 解读意义

§5　问假想敌的"对话与铺陈"

"铺陈"是一种写作手法上的陈述与表达方式，如果我们单纯以自我为中心去进行铺陈，在文章中就会缺乏力度、深度与可信度。因此，设定一个假想敌，借由与假想敌的对话，反复思考与持续思辨，这样不仅会强化文章的力度、深度与可信度，更具有画龙点睛的效果，也替文章内容增色不少。总之，从理论对话

质性研究的六项修炼

到铺陈的秘密是"问问假想敌"。

怎么从"理论对话到创意铺陈"呢？其实，铺陈（Framing）有很多种名词，而这些概念大概每个人也都知道。但知道铺陈是一回事；如何铺陈又是另外一回事了。

之前，我们对于"铺陈"这件事情的看法，总认为我们只需要拉一条故事的"主轴"，然后把各式各样的素材，按照时间构思顺序排列进去，这样就是一个"铺陈"。直到在某次与李庆芳教授的对话中才惊觉："这样的铺梗，等级程度远远不够。"也终于了解了自己一直卡住的地方，并体会到什么叫作"高级"的创意铺陈，什么才是实质的功夫。

下面，我们向大家说明什么是"高级"的创意铺陈，我们用"问什么""怎么问""问问假想敌"的方式，进一步说明如何从"对话"中发展"创意铺陈"。

一、质性研究初级修炼：问什么

第一个方式是"问什么"。问什么就会答什么。某种程度上，质问方式呈现了我们思维的深度。因为有深度的质问，可以获得有深度的答案。问得浅显、没有深度，就只能得到徒有表面、不具深度的答案。所以，我们一直认为学质性研究，需要不断地提醒自己具备"问题意识"，像个对世界充满好奇的孩子一样，多问自己为什么。坦白讲，我们光问自己"What、Why、How"这三个基本问题，便觉得生活已经有趣了许多。

然而，令我们不解的是，虽然我们一直有问题意识，但在论文研究方面的进步却一直很有限。甚至我们连问题出在哪里都不清楚。经过多次和李庆芳教授的对话，我们才发现这些"What、Why、How"都只是表面上的问法，非常初级，甚至有时候问也问不出所以然。因此，仅有问题意识却不够深入，只能算是质性研究的入门。

那么要如何解决这样的窘境呢？就要进入中级的"怎么问"了。下面，我们就来探讨"怎么问"这个方法。

二、质性研究中级修炼：怎么问

过去学质性研究都会有一个"正、反、合"的三角辩证，就是不断地反复丢出问题，透过正面、反面、合面这三种不同的面向对话。这样，我们的问题才能不断被深化。例如，在论文撰写时，我们会自问：我们所使用的"理论"是什么？收集到的"故事"有什么独特性？有什么有趣的意义呢？我们到底从案例中反思了什么？

事实上，我们从这样的过程中厘清自己的"研究定位"是什么，我们的研究发现与既有理论有没有出入，是否找到自己的盲点。最后再把这些素材铺陈为"研究问题""理论观点""研究方法""故事"与"解决方法"。尽管我们都有做到以上这几个重点，却在一问一答的线性思维里，很容易满足而停止继续思考。这样的我们只是在做"填空题"，填入"研究问题、理论观点、故事"等。严格讲起来，这只是质性研究一级入门的基本功。

那么要如何解决这样的窘境呢？就要进入高级修炼——假想敌。下面，我们就来探讨"怎么问"这个方法。

三、质性研究高级修炼：问问假想敌

如何跳脱"填空题"的思维，而能不满足于现有框架呢？如何让文章内容和思维更深入、更精进呢？这时，我们可以思考一下，你的"社群朋友"有哪些？他们会怎么看待你的研究论文？你这样的文章和思维，会不会被社群的朋友瞧不起？他们会不会觉得你不够认真……若你开始习惯把这些社群朋友预设成为你的"假想敌"，换成从假想敌的立场检视自己的研究，将会有不一样的改变。

当假想敌出现的时候，你的思维会开始不一样。首先，你必须从原来的论"点"，拉出一条"线"，扩展成一个"面"。所以，你必须反复地问自己，你的研究论点和假想敌的论点，两者的差异在哪里？你的见解独不独特？有不有趣？新不新颖……每次透过这样与假想敌的对话历程，就可以大幅提升、强化你的文章内容深度。其次，和社群朋友进行对话的时候，他们并不一定在现场，与你做面对面的对话，而可能是从他们所撰写文献的论点进行对战。所以，所有的文献并非看过一次就算了，而需要反复地阅读与思考其中的某一个论点，不断加深你对于此论点的熟悉度与了解度。最后，不断以假想敌的角度质问差异在哪里、意义在哪里。这也能引导我们以不同的方式阅读、理解社群的理论进展，借此来深化自己对文献内容的掌握度、深度与广度。这样一来，自然也可以浮现创意铺陈文章的手法。

§6 对话与铺陈实例：学术对话历程的分享

对话是产生与内化实用知识的有效机制，但如何对话或建设性地对话却是我们一直探究的黑盒子。"学术对话"是大学教授的任务之一，理论、数据、论战、开悟是我们的生活。

关于对话与铺陈的体验，大多是在与李庆芳教授的交流过程中，形成了自己的思考。这里，还原我与李庆芳教授的学术对话历程。

我在某个机缘下参与李庆芳教授的整合型计划，让我有机会开启一扇门，可以与理论基础深厚的李教授进行"学术对话"。我把那次对话的过程分为四个方向说明：第一个方向，界定理论范畴；第二个方向，挑选理论关键词；第三个方向，产业、企业与创业的事证；第四个方向，想象论文会写成什么样子。下面让我更进一步说明。

一、第一个方向：界定理论范畴

对话开始，李庆芳教授先说明这四十几篇文献，大致分为三条理论脉络：第一条理论脉络是"拼凑"（Bricolage）；第二条理论脉络是"新创全球化事业（Born Global）或国际新创事业（International New Venture）"；第三条理论脉络是"开创理论"（Entrepreneuring）。我们先把这些文献素材归纳为这三个理论范畴。

接着，李庆芳教授提问：

拼凑（Bricolage）是一个理论观点，还是只是一个理论概念？

我根据管理科学季刊（Administrative Science Quarterly，ASQ）中的一篇文章[①]进行说明：

作者是用拼凑（Bricolage）Penrose（1995）所提的概念。换言之，Penrose提出RBV或KBV这样的理论观点，但却并未交代如何重组或累积、发展资源。

于是，我们直觉上认为拼凑（Bricolage）似乎可以是一个理论观点，以补足如何发展资源的缺口（How）。这时考虑到"太阳能产业"，以目前创业理论关注的市场机会、资源与组织团队，似乎目前的太阳能产业资料并未涉及团队。因此

---

① Baker T.. Resources in play: Bricolage in the toy store（y）[J]. Journal of Business Venturing，2007，22（5）：649-711.

在创业的范畴之下，我们决定先关注于市场机会（Opportunity）与资源（Resource）上。此外，另外一个有趣的国际企业现象是"新创全球化事业（Born Global）或国际新创事业（International New Venture）"。于是我们开始拼凑、构建全球化事业与太阳能产业的对话①。

至此，我们的对话先厘清了理论涉及的范畴，可以聚焦、探讨新兴市场、国际新创事业到新创全球化（Born Global）等现象。例如，我们采用拼凑（Bricolage）这个理论观点说明创业中，创业者如何运作"资源"开创新创全球化事业的机会。所以，理论可以先暂定在三个范畴上：①新创全球化事业（Born Global）与新兴市场（Emerging Market）；②拼凑（Bricolage）；③创业机会与资源的动态关系。

二、第二个方向：挑选理论关键词

基于上述理论范畴的对话，我接着提出另一个问题，我们可以设定哪些理论关键词（Key Words）呢？

李庆芳教授回答：

第一个关键词是"新创全球化事业"（Born Global），第二个关键词是"拼凑"（Bricolage）［可能与共同学习（Co - learning）或组织学习（Organizational Learning）有关］，第三个关键词是"创业机会"（Opportunities）；第四个关键词是"网罗"（Networking）；第五个关键词是"新兴市场"（Emerging Market）。

至此，我们从理论范畴的界定，又进一步将范围缩小（Narrow Down）至可能的理论关键词上。我们透过关键词的讨论，一方面扩大为有关的理论脉络，厘清采用这些关键词的实质意义；另一方面也透过这些关键词的讨论，去构建我们目前拥有什么产业资料。换言之，"关键词"也就成了连接"学术理论"与"产业故事"的桥梁。

三、第三个方向：产业、企业与创业的事证

我们目前想要探讨的产业是太阳能产业，尤其是大陆有新创全球化的现象，如尚德、江西 340 赛维、保利协鑫这三家企业。于是，李庆芳教授提出如下问题："为什么是这三家国际企业？我们讨论的是时势造英雄还是英雄造时势？"

---

① Desa G.. Resource mobilization in international social entrepreneurship: Bricolage a same chanism of institutional transformation ［J］. Entrepreneurship: Theory & Practice, 2012, 36（4）: 727 - 751.

于是，我们先拉出"欧美先进国家"与"新兴国家"新创事业的差异性：其差异是，欧美国家对于新兴产业的态度相对保守，非常精算投资报酬率（ROI）；反观中国大陆的状况则不同。首先，中国创业者具有投机心态，其次，针对社会就业问题与就业压力，大胆创业有助于解决眼前的社会问题；加上这些新创产业者们还有一个特质：个人资源不足时，善用国家庞大的资源。换言之，中国这个新兴市场的太阳能产业脉络有两个特性：第一是法治不健全，第二是产业体制。

基于这样的社会与产业脉络，使得开创者有三项行为特质：

第一，这些创业者相当敢"丢钱"：因为这三位开创者的钱都不是自己的，而是国家的资源。这时，透过这些对于实践数据的了解，我们回到理论关键词的解读上。创业机会加上创业者个人的特质，运用拼凑（Bricolage）的方式，重新思索、重新设计与重新组合手边资源（Resource），才能开创出这样大的机会。

第二，"从网络（Network）到网罗（Networking）"：这些开创者就像鲨鱼对血一样的敏锐，开创者运作其网络（Network）关系，不断网罗各式资源而转换为成长的机会。然而，同样拥有这些网络关系的人一定也很多，可是，为何是这三位创业者呢？这样的思考带领我们想进一步探讨网罗（Networking）的独特性。

第三，"学习"（Learning）：这三位新创全球化事业的创立者，在拼凑（Bricolage）资源、网罗（Networking）资源开创机会的同时，他们究竟是如何学习（How）的或学到了什么（What）呢？这些都是我们后续可以进一步探究的研究议题。

至此，我们从产业、企业、创业的实践性数据，透过解读关键词的对话，让我们对理论、对故事又向前一步。究竟组合"拼凑（Bricolage）＋网罗（Networking）＋学习（Learning）"会生成什么样的智慧呢？

表8-2 "欧美先进国家"与"新兴国家"新创事业的差异性

欧美先进国家	新兴国家	创业者的行为特质
保守 就业问题不急迫 重视投资回报率	投机意识 就业问题急迫 无资源而善用国家资源	敢丢钱 人际网络到网络学习

四、第四个方向：想象论文会写成什么样子

学术对话进展到这里，我们开始想象"论文"会写成什么样子，这样一个集问题、故事、发现、贡献于一身的学术文章会有什么样的雏形呢？我们尝试着描绘两件事：第一，研究发现（Finding）的铺陈；第二，理论有何贡献。

第一，关于"研究发现"。我们讨论出如何运用这三个创业故事说明拼凑（Bricolage）资源的三种技巧，而使新创事业可以成为世界第一。我们特别的卖点应是如何拼凑（Bricolage）、如何网罗（Networking），以这个方式拼凑、网罗资源以开创机会。或者，运用这三个故事说明拼凑的过程（the Process of Bricolage）①。

第二，关于"有何理论贡献方面"。若我们能掌握拼凑（Bricolage）这个理论观点，那么我们可以从三个方面说明理论贡献：首先，与拼凑（Bricolage）理论脉络对话，强化这条理论脉络。其次，以本文说明拼凑（Bricolage）成为世界第一的新创全球化事业。最后，本文的研究发展甚至还可以与新兴市场（Emerging Maket）对话。

五、我们的反思

我们一直认为"对话"才是产生知识的有效机制。因此，从这次的学术对话中，我们也学会三件事：①理论深度的掌握；②研究历程的前中后；③营造"建设性的对话"。我们的反思自省如下：

第一，理论深度的掌握：理论角度的掌握若够深，便可以用"单一理论"说明实践现象；倘若理论角度的掌握不够，才需要用"多理论"综合解释实践现象。这也能在一定程度上展现作者的解释力。

第二，研究历程的前中后：我们可将学术对话的历程，分为事前备料、事中烹煮、事后享用三个阶段，每个阶段的重点会有所差异。首先，事前的"备料"包括理论角度的探索与故事的丰富和掌握程度。若能备出自然好食材，才能烹出一道好菜。其次，事中的"烹煮"，也就是实际的学术"对话"。若能营造建设性的对话，参与者彼此之间取长补短，就能强化见解的深度。最后，事后的"享用"，也就是文章的价值，详实地说明研究的理论贡献。

---

① Fisher G.. Effectuation, causation and bricolage: A behavioral comparison of emerging theories inentrepreneurship research [J]. Entrepreneurship: Theory & Practice, 2012, 36 (5): 1019-1051.

第三，营造"建设性的对话"："对话"才能"产生与内化知识"，李庆芳教授特别强调要相互理解彼此、相互论战，才能营造建设性的对话。"学术合作"的背后是分分合合，透过"分工、分责、再整合"的机制运作，其关键词就是彼此要进行"建设性的对话"。

§7 对创意铺陈的三点误解

近期，在与同学的交流过程中，不少学生表示，基于材料或故事进行创意铺陈很难。总结起来，可以归纳为以下三点：一是在意"线性因果"的误解，二是执着于"案例本身"的误解，三是对"案例代表性"的误解。

我们通过对一些生活现象的敏锐观察，突然有了一些"灵感"，试图解答学生的疑惑。例如，创意铺陈的起点不局限在"案例"本身，而是"案例"背后的"知识体系"或"运作机制"。以下，我们进一步说明我们对这几个问题或者误解的认识。

一、误解一——太在意线性（表层）因果

关于创意铺陈的第一个误解是，在意"线性因果"。也就是大部分的人仅关心"创意铺陈"时的因果关系。因此，常常会有人质疑"一个案例怎能通过铺陈来证明这样的因果关系"。但是，我们仔细想想，觉得创意铺陈的重点不在于一个案例里的线性因果关系，而在于我们通过铺陈与提升，能够从这案例的因果关系中得到什么"启发"。

例如，在健康访谈中，我们告知访谈对象："目前，45岁以上，有超过1/4的人群都会受到心血管疾病的困扰。"从概率的角度而言，你可以宣称："我们不一定会中！"可是，试想，在故事描述中，我们是不是太关注1/4这个数字，而未去反省我们的生活饮食习惯。同样地，当我们健康检查测得三高指数（高血糖、高血压、高血脂），我们就会立即"吃药"马上去控制"数值"，而未去思索为何会三高？究竟指数偏高背后所反应的实质意义是什么？是不是生活饮食习惯总是"三多一少"——多糖、多盐、多脂肪、少蔬果呢？

因此，我们认为要提醒自己，在案例铺陈时，不要执着在数字或案例中简单（表层）的因果关系，而是要进一步反思背后复杂（深层或实质）的因果关系。

换言之，我们要跳脱"案例"本身表层的线性因果，而进一步"反思"深层实质的因果关系，这样的反思，才能真正有助于创意铺陈的实现。

二、误解二——太执着于"案例本身"

在对故事或案例进行创意铺陈时的第二个误解是，执着于"案例本身"。其实，大家都很关心案例本身是不是一个有趣的故事、有意义的故事。当然，这是优质案例研究的基础条件。或许，也是因为我们太强调故事性、戏剧性的精彩案例，而在创意时陷入（限制）案例本身想透露的玄机，反而忽视了深层解读故事能力的养成。要有解读能力，才能"反思"上述深层的因果关系。

例如，我的研究生在撰写京东商城运营的商业逻辑，他们给我提供了京东集团2015年全年业绩报告。财报显示，京东集团2015年全年交易总额（GMV）达4627亿元，亏损94亿元，2014年该数字为净亏损50亿元人民币。我的学生把京东集团作为单一案例进行处理，只去铺陈京东的运营现状和绩效，而未进行横向比较，展开探讨"互联网+"背景下电子商务平台的产品逻辑、服务逻辑以及结构性的整体问题。又如，生活中，我们总是听说吃某项保健食品好，就盲目地尝试，局限在事件或案例本身，而未从整体考虑"如何调整为不病体质"。

因此，我认为大家在创意铺陈时对"案例研究"的误解常受限于案例本身；然而，铺陈的重点应该是对案例深层的"解读能力"。案例其实只是一个启动器，启动我们了解案例所处的脉络（更大的脉络），进而协助我们建构出整体的知识体系。所以，在对案例进行铺陈时，对案例应该进行"全面地理解，而非片段知识"。我们要从"京东疯狂烧钱"的案例中，挖掘电商平台对客户进行价值交互的逻辑，才能客观地评价与认知京东集团的投资决策。

三、误解三——对"案例代表性"的质疑

在创意铺陈时，容易产生的第三个误解是对"案例代表性"的质疑。质性研究强调"理论抽样"（Theoretical Sampling），案例才能有效地与恰当的理论进行"对话与铺陈"。因此，不仅学生，许多学者也在质疑："案例的独特性或单一案例怎能具代表性呢？不具有代表性的案例怎么铺陈出更深层次的内涵呢？"

其实，案例研究的代表性本质是，解读独特案例的意义并与理解对话，进而悟出新道理。可是，许多人误解了"代表性"的本质。一方面强力批评案例的"代表性不足"，另一方面却也滥用案例的代表性乱推论。

质性研究的六项修炼

我们以研究生入学考试为例,不少人关注艺术特长生或者体育特长生,去乱推论"不一定要搞学习"。另外,我也遇到我的同事,说一位89岁老人,烟不离手也未得肺癌;又说,西方民众大鱼大肉,大肠癌的比例也不见得较高。其实,大家也要仔细想想,这些"案例"的代表性的谬误。这些说法,又以案例本身去"代表"、推论所有总体,而忽略"反思"这件事。例如,89岁老人或许住在空气新鲜的山上,每天大量农务通过深呼吸排除吸烟的毒!

因此,我们想要提醒大家的是,在创意与铺陈,与理论对话时,要了解案例研究的"代表性"是一种理论抽样的代表性,是一种透过"案例"与"理论"对话深化见解、悟出道理的"代表性"。请大家不要再误用"代表性",一方面批判案例研究单一(少数)案例不具代表性,另一方面却又利用"案例"胡乱推论去代表所有总体。

四、我们的反思:创意铺陈基于案例,但要找准基点

质性研究具有"以案例来反思,进而开悟"的本质。所以,个人认为一般人误解而执着于"案例"本身,而忽略"反思"才是真正的关键。我们常太执着于三件事:第一,执着于"案例本身"的表层因果关系,而忽视实质(深层)的因果关系。第二,执着于案例本身的限制,而忽略"解读"案例所拉出的"知识体系"。第三,执着于案例是否具有代表性,却常滥用单一案例的独特性去推论总体。因此,我们强调三个反思的重点:一是反思实质的因果关系,二是反思我们的解读能力,三是反思代表性的意义。

因此,质性研究初学者要特别留意"反思",这才是研究的关键;慢慢地再试着将"案例"与"反思"两者融合;既有精彩的故事,又有深刻的反思。因此,"数字""案例"固然重要,但我们的反思力提升,才能真正理解案例背后的核心知识。

第三部分　质性研究作品赏析

第九章 如何赏析质性研究

§1 知性、理性与感性的作品

一、知性的作品

我们认为,"知性"是指这篇文章能带来什么样的新见解(New Insight),也就是能否见所不见。论文审稿人最关心的是,你的研究发现(Research Finding)是否是能够令读者甚至学术社群惊艳的新发现。假若你的研究发现根本就是基本常识(Commonsense),那无怪乎你的作品会被退稿了(见所未见有三种层次,分别是新发现、新澄清与更上一层楼①等三个层次)。

假若我是一位审稿人,那么我会从文章中的两个部分检视这作品的优劣。第一,田野数据传达什么新意义;第二,理论上有什么新发现。知性的标准是要求我们要对既有理论建构出相当完整的脉络,才会知道这篇文章是否有达到理论上的新发现。正如我们的文章要站在"巨人肩膀上"的说法一样,必须得沉浸于文献探讨中并清楚地知道巨人是谁,才能从故事中发展出一个新见解,且可以对巨人(理论)有所贡献,也就是找到有意义的研究定位。

说起来很简单,做起来却必须很坚持②。首先是文献探讨部分要能温故知新:要传达新知,就要相当熟悉旧闻(即有理论的脉络),找出一条研究脉络。其次是实践上的贡献,文章为了达成新知,就要有吸引人的故事,并从故事中找

---

① 第一,新发现:研究者透过所采用的观点诠释个案资料后,让看不见的事物被看见。第二,新澄清:研究者透过采用的观点诠释个案资料后,让原先看得见但模糊的事物,重新被看得更清楚。第三,更上一层楼:研究者透过所采用的观点诠释个案资料后,让原先已经看得很清楚的事物又重新被诠释成另一层面的见解。

② 我们不用辛苦这个字眼,用辛苦就有很多人会放弃,用坚持表示坚持就一定能达成。

出对实践的贡献（Practical Implication）。最后是对理论的贡献（Theoretical Implication），填补了什么理论缺口。总结来说，作品若能传达新知，也就符合第一个"知性"的要求。

二、理性的作品

"理性"，也就是文章合不合道理，这点跟合理度是一样的。审稿人会检视你的文章是不是顺理成章，你的逻辑推理过程是否真的能达成新知。关于理性这点，个人建议可以多看《名侦探柯南》《福尔摩斯探案集》等相关推理剧。但请不要看连续剧或新闻报道，其中有很多不合理之处。除非你已经养成辩证的习惯，把自己当作是主体，而把媒体（电视、报纸）当作是客体，能边看边找出当中不合理之处，把周遭事物作为训练辩证思维的修炼对象。审稿人怎么判断文章的理性呢？第一是检视我们是不是在套理论。倘若作者很机械化地找到一个理论，把理论当作书柜一样，把数据当作书放入其中。没创意的理论，加上"硬塞"，这就是一般人所谓的"套套逻辑"。第二是检视我们的论点（Argument）与数据能不能婆娑起舞（前提是已经发展出好的论点。）这时审稿人已经被我们的论点所感动（感性），审稿人会想知道我们是怎么推导出来的，背后的巨人是谁？资料怎么与论点对话（Dialogue Reasoning）才能推导出这么漂亮的论点？换言之，审稿人会想看"柯南"如何从线索去追出凶手是谁，过程是否合理。第三是检视我们所采用的引言（Quotation）是否合理，这些引言能不能说明我们的论点，有则具备加分的效果。审稿人会检视作者有没有假扮受访者来发声，例如，受访者如果是13岁，引言却像是53岁才能体会而说出的话，显然这个引言并不合理。第四是检视资料呈现与分析的架构是否合理，每篇文章都有一种数据与理论对话①的方式，以理论看穿数据背后不为人知的意义。

一位研究者要符合上述四点的要求，就得不断地练习，甚至要有一点"艺术创作"的天分。比较笨却踏实的方法是不断地模仿学习经典的文章。例如，将所有引言详列出来，去体会大师是如何运用引言的。此外，也可以尝试阅读完一篇经典之作，想一想大师是如何呈现、分析数据的，自己也可以模仿大师，借用大师的技巧做一遍，不过应抱持着"不是完全的复制"的想法，否则就没有创意了。

---

① 对话是指以资料来说明理论，从理论来体会资料的一种互动关系。

三、感性的作品

第三个标准是感性，重点在于文章是否能感动人心。到底一篇文章要感动谁的心呢？在此，我认为文章至少要感动三种人。

第一种人是审稿人。李庆芳教授提到一种很特别的状况："当我认为某篇文章的知性与理性不足，但却被其苦工所感动，这篇文章也有可能被我接受。"因此，在文章中要使审稿人能感受到你长期沉浸于田野，文献追出一系列的脉络，并且数据特别完善，那么就冷有可能感动审稿人。

第二种是实践界人士。当你的文章写出来之后，可以给田野中的受访者看看。若你的作品不是文绉绉的八股，田野场域中的专家不仅能看得懂，而且还能会心一笑，表示研究发现能感动这些实践人士，提醒他们之前并未注意的事实。

第三种人是一般读者，当然包括所有读者与学术社群的学者。这些读者看完你的作品之后，你是否能带领他们反思（Reflection）既有的现象，而且有深刻的体悟或反省（例如，看完鲁迅的作品，体会人的愚昧）。

严苛的审查人会以这三种感性来衡量你的文章是否达到标准。这时，感性有点像批判度，特别如果能让实践界及学术社群眼睛为之一亮，换言之，这篇文章也就符合了批判度。

国内质性研究的审查标准呢？多个国内学者对于质性研究的审查标准（心中的那把尺）心存疑惑，甚至认为质性研究的审查太主观了。个人认为，合格的审查人其实对于知性、理性与感性的标准都有一定的理解，只是坚持不同罢了。这个状况也正是国内学术圈面临的困难之一。有些人基于国内正处于起步阶段，认为应该多多鼓励，不宜把标准定得太高，否则会把有兴趣、有热忱的人都吓跑；但也有些人的标准可能会特别严苛，他们希望刊登出来的作品是兼具科学与艺术的。我们认为，两者各有利有弊，都对、也都错，不如就让这个学术社群去自行演化吧！相信随着时间流转可以发展出适合中国学术生态的质性研究。

四、我们的反思：真实度、可信度、批判度的另一种说法

质性研究的标准不是信度、效度，而是真实度、合理度与批判度。信度、效度背后的意义或许与真实度、合理度、批判度雷同，但是质性学术领域应该归属于自己的行话。在李庆芳教授的刺激下，我们从知性、理性、感性说明评判质性研究优劣的这把尺，希望能让大家更理解这套评审的标准。

我们认为,知性、理性与感性不宜直接分开来看,事实上,这三者是互相交融、不可分割的。"理性中有感性,感性中有知性!"重要的是,我们要能从知性、理性与感性的标准中,修饰自己的文章,设法创作并呈现美的作品。

§2 研究作品的三个层次

唯有展现研究的层次感,才能凸显作品的美感。某日我们在思索铺陈自己研究的定位时,突然觉得:"原来研究的铺陈,竟然也有层次感。"研究的层次感究竟是什么?经过自己几次的解读与解释后,我们突然发觉,原来研究有三个层次是必须仔细考虑的,这样子的研究作品才有主轴,研究前后的逻辑也才能串接起来。于是,我们将研究的层次分为三个:第一个研究层次是有趣的现象(Interesting Phenomenon,IP),第二个研究层次是看现象的理论视角(Theoretical Perspective,TP),第三个研究层次是研究本身所挖掘的"独特的亮点(Unique Bright Point,UBP)。

我们认为,研究者得先厘清这三个研究层次,才能构思出有意义的研究。依次说明如下。

一、第一层次:厘清有趣的现象(Interesting Phenomenon,IP)

组织于管理或科技管理学者而言,他们关心的研究议题不外乎有趣的组织现象或是科技导入之后,对于组织产生什么影响?因此,我们得先问问自己关心的"组织现象"到底是什么,这也就是研究的起源。

最近,我们阅读一些文献发现,许多学者十分关心价值共创(Value Co - Creation)这个现象。于是,我们列了一些关于价值共创的关键词,如价值共同生产(Value Co - Production)、服务主导逻辑(Service - Dominant Logic)、顾客主导逻辑(Customer - Dominant Logic)、价值创造者(Value Creator)、价值合作生产者(Value Co - Producer)、生活价值(Value in Life)、情境价值(Value in Context)等。你也可以用此方法问问自己所关心的组织现象是什么,其关键词是哪些。

也就是说,我们个人认为:研究时,要先厘清自己所关心的有趣现象是什么。并在过程中,不断自我提醒目前的状况是否改变,是否还关心这个组织现象。因为一旦我们想清楚自己所关心的组织现象时,也就间接定义好研究范围了。

二、第二层次:擦亮理论观点 (Theoretical Perspective)

第二个研究层次是我们所要采用的理论观点,也就是我们要用什么样的理论角度探索第一层次的组织现象。例如,我们关心的议题是消费领域的价值共创,因此,我们运用的理论角度可以设定在认知评估理论(Cognitive Evaluation Theory)或社会交换理论(Social Structure Theory)。同样的道理,若你关心的是生产领域的价值共创,你可以使用顾客参与理论,当然也可以用价值网络理论等不同的理论观点来探索有趣的组织现象,去获得不同的新见解。

因此,当我们回忆阅读过的文献,我们试着猜想这些作品采用了哪些理论观点。这些理论观点正如透视镜一般,带领我们看穿表象背后的事实或真相。

从个人几次投稿的经验得知,如果想要投稿 A 级期刊,审稿人最在意的是"理论贡献"(Theoretical Implication),也就是我们的理论定位与理论贡献。因此,我们得专注于一个或少数几个理论脉络,长期涉猎与关注,才能深化一条理论脉络(Theoretical Stream)。

三、第三层次:挖掘独特的研究亮点(Unique Bright Point, UBP)

第三个研究层次是作品的风格,就是研究的卖点与亮点。换言之,就是作品的研究发现,到底看见了什么。这应该是别人没看过的新鲜事,也就是您研究的"Aha"!

究竟要如何包装独特的亮点?我们的构思方法有以下几个:第一个研究亮点是专注于内容的本质(Content)。例如,价值共创的本质特征是什么。第二个亮点是历程(Process)。如消费者参与价值共创的内在过程与机制是什么样的。第三个研究亮点是情境(Context)。如顾客主导逻辑当中,消费者单独创造价值的适用条件或环境是什么。

总之,研究的独特的亮点相当关键,建议各位可以天天想、天天写、天天问自己,你所欲发展的研究的亮点是在内容(Content)、历程(Process),还是脉络(Context)上。换言之,也就是你想用什么理论观点,又想看到什么新鲜事。

四、我们的反思:研究的层次感

我们的想法与建议是,研究者必须从"研究的三个层次"去构思研究发现与铺陈的细节。换言之，我们得构思自己关心什么有趣的现象，以及使用什么样的理论角度，甚至还得长期深入一个理论脉络，才能熟悉它与运用它。最后，获得的独特的亮点是什么。是本质？是内涵？是历程？还是细致的人生经验？我们认为，若能从此三个研究层次去构思作品，作品的研究逻辑一定会更加清晰。

§3 孕育研究的灵魂：主见与成见

修炼、修道与修行，就是状态持续地改变。因此，我深信好的作品必须要有作者的灵魂。质性研究的作品需要有灵魂，然而什么是研究的灵魂呢？要怎么样才能让研究有灵魂呢？其实，应该从每日的生活开始。我们常常问有深度的研究问题，以获得见所未见的研究发现（Research Finding）。有人喜欢用研究者在文章中的主要论点（Arguments），或者是其研究亮点（Bright Point）来说明研究发现的境界。

因此，一篇质性研究要有批判度，能"见所不见"，才是有灵魂的创作。然而，要能达成这样的境界，必须经过研究者的"巧实力"，也就是研究者的"巧思与创作"。最后，自然而然形成一种研究的主见，使读者也能明了研究者的主体性。

在一次上课时，我们与学生分享研究发现要怎么写，发觉可以用"主见"与"成见"来说明，一篇质性研究的灵魂到底是什么。于是，我们尝试对成见与主见做了解读。希望透过这样的解读，或许可以说明什么是优质的研究发现。

首先，什么是"成见"呢？简单地说，就是没有理论依据、没有完整逻辑、突然出现的研究发现或个人的看法。就研究上而言，可能是一种"先入为主"的状态。研究者常常很容易就限制于一种理论，无形中思维也被理论绑架了，只是很机械式地生搬硬套，所发现也是研究者个人的成见。其次，什么又是"主见"呢？简单地说，就是研究作品中包含着自己的创意，在理论与故事的对话中，能够找到研究的主见。换言之，研究者的论点是有理论的根据与资料的支持的。

经过我们个人的反省之后，我们发现"生活"与"作品"是息息相关的。于是，我们把大学生分成三种：第一种大学生是"既没有主见，也没有成见"，第二种大学生是"没有主见，却很有成见"，第三种大学生是"有主见，却没有成见"。同样地，我们把质性研究的作品发现，区分为这三种层次之别。以下，我们从人的生活、作品来叙述这三个层次的作品。

一、初乘作品："既没有主见，也没有成见"

有些大学生的生活就是"既没有主见，也没有成见"的写照。近期，在某次课上，我们问及学生的生活近况，有位学生描述他们浑浑噩噩度日的生活，自己戏谑称为"活死人"。人是活的、心灵却是死的。"盲目"与"盲从"是这种人的写照，他们根本没有自己的想法与看法。因为他们的头脑杂乱无章，人云亦云，对于所有的观点意见，都点头称是，看起来似乎有想法，其实等于没有想法。

有鉴于此，我们上课时经常鼓励学生要解读生活周遭的现象。要给意见、贴标签，先要有自己的看法，先找回自己的主体性。至少，从"没有主见，也没有成见"的窘境，提升到"很有成见"的境界。

回到质性的作品也是一样的，初学者的作品大概是这种"既没有主见，也没有成见"的铺陈。作品中完完全全的客观、理性，没有感情也没有感动。通常这类研究者在文献探讨的部分总是缺乏自己的声音。只是收集、整理、分类文献后，发展出一种理论架构。这种架构就像书柜一样，研究者把质性数据放入理论架构之中，完成这种质性作品。换言之，它只是一篇由理论和数据拼凑成的文章，根本没有研究者的思维创意，只是一篇"没主见也没成见"的初级作品。

二、中乘作品："没有主见，却很有成见"

第二种大学生的生活就是"很有成见，却没有主见"。这种学生很执着于自己的想法，我行我素，他们有一种先入为主的看法，且这种强烈的主见主导他们生活的一切。问题在哪里？答案就是缺乏反省、反思的能力。这种人以自我为中心，表现出来的行为是"自以为是""只要我喜欢，没有什么不可以"。其实，只要用心去思考一个问题，便会对这个问题有初步的主见，形成自己的判断。这里说是初步的主见，也可称之为成见，因为此时的主见也许是很浅薄的，但即使浅薄，也终究是你自己的意见。有成见，好过没有成见。接着，若这类学生能养成持续反省（Reflection）的习惯，就能从"有成见，没主见"，进一步提升至"有主见，没成见"的状况。

我们回到质性研究上，质性研究者泡田野、读文献，慢慢会进步。于是内隐的能力逐渐发展出自己的"主体性",并且了解作品有了自己的看法。因此,研究者常常思考,偶尔会出现灵感,引发新的论点,慢慢有了属于自己研究的"主见"。只是这种主见在作品的呈现上仍缺乏资料的支持。换言之,这样的研究发现虽具有批判性,可是逻辑推理上仍不够合理。这种作品有理论、有数据、有创见,却缺乏"理论带数据,用数据深化理论"的推理过程。所以,只能称为有成见,却未达主见的境界。

三、上乘作品:"有主见,却没有成见"

第三种大学生的生活形态是"有主见,却没有成见"。这类大学生的确有自己的思维,且清楚知道自己要的是什么。记得李远哲①曾提及他的大学经验:"逃学,去图书馆做更有价值的事!"换言之,这类人很会安排自己的时间,善用资源追求自己设定的目标。例如,大学生最重要的是培养"逻辑推理"与"表达"两种能力,因此他们刻意练习这些技能,积极参与社团、上课也会认真提问。甚至,他们能自主学习,不仅从自己的错误,也从别人的错误中学习并成长。

回到质性研究,质性研究的上乘作品是有自己的"创意"。该类型的研究者能弹性运用"主体与客体"的技巧,铺陈出一条"研究主轴"以凸显出研究的主见。然而,这种主见并不被先入为主的理论所框限,非突然出现的研究发现。事实上,它是一种不断对话、反省的过程。于是初步的"成见"经过反省转型为暂时"成见",一而再、再而三地精炼,使得"成见"慢慢成熟而变为研究的"主见"。也就是经过反省与时间的淬炼,成见升华为研究的主见。这种由成见转型为主见的关键,其实也就体现了研究者的反省能力。

四、研究的亮点,要有主见而不要有成见

佛教对人修炼的境界有九品之说②,也将人分为"先知先觉""不知不觉""后知后觉"三种状况。我们则将质性研究的作品区分为"没主见,也没成见""有成见,却没主见"与"将成见精炼为主见"三个等级。其实,哪一种分类方

---

① 李远哲(Yuan Tseh Lee),1936年11月29日出生于台湾新竹,著名化学家、诺贝尔化学奖得主,是第一位获得诺贝尔化学奖的中国人。
② 九品指上品、中品、下品,具体而言,上品指上上、上中、上下,中品指中上、中中、中下,下品指下上、下中、下下,共九种修炼的境界。

法并不是要强调的重点,这些形态都只是在提醒我们记得找回灵魂罢了!换言之,把握当下的精进、修炼;从现在的状态,向上提升至下一个状态!

因此,关于研究发现的亮点,首先我们须从"无知"到我执的"成见";其次再从"成见"提升至"主见"。然而,这个修炼过程得靠"自我学习"的习惯力,我们得经常练习"反客为主",加上持续反复的思维与反省(Reflection)。总而言之,我们的生活要有意识、作品要有灵魂,时时从自己与别人的错误中学习,才能找回生活与作品的灵魂。

五、我们的反思:质性与量化是殊途同归

我们从量化到质性的四个转变让我们更清楚地理解,研究根本不是量化与质性争辩的问题。其实,量化研究与质性研究皆有其本体论、知识论与方法论;换言之,两种研究方法均有其"知识""假设"与"方法"为基础;不管我们运用哪一种方法来探究真相时,我们都应该时时提醒自己:"这些量化与质性的假设,有没有被好好思考、好好反思其适用性与局限性?"

最后,我们是要理解真相、开悟、开智慧,有点像"格物致知、得意忘形"。我们研究的目的是要理解真相,而不是执着于"方法"的争辩。当我们能深切理解这样的本质;我们想,不管是做研究或是过生活,我们可以用更为开放的视野与胸襟看待这个世界,过更"觉知"的生活,而不是局限在框架之下。

§4 审稿人之见:好作品的六个原则

质性研究的赏析有标准可遵循吗?在一篇质性研究的架构里,审稿人到底关心什么?如何赏析质性研究?

这个段落,我们来讨论一下:一位严格的审稿人,他究竟会以什么准则来审核一篇质性论文呢?有学者使用"真实度""可信度"与"批判度"来衡量(Golden-Biddle and Locke,1993),也有学者认为好的质性研究作品必须符合七个原则(Klein and Myers,1999)。虽然说每位审稿人的审稿风格不尽相同、各有所好,但总体来说,一篇好的质性研究作品,其评判的标准大同小异。以下,我们则采用论文格式的顺序,逐步说明审稿人所关心的重点,因此,各位可以逐章检视自己的论述是否符合这些基本要求。

一、选题,要能引人入胜

审稿人最注意的是"研究问题与动机"。换言之,你的问题是否具有深度?值得花时间探究吗?他会先审视这是不是一篇明确、有趣的研究问题,并检视研究问题的"问题"是否具有深度。抑或只是表面上有趣,本质上却只是一个老掉牙的问题。

研究问题其实是很需要我们花时间去构思与沉淀的。我们得去铺陈它、使其有节奏性、有关联地慢慢引述,使之独特且犹如抽丝剥茧般带领读者思索现象、问题、背后的意义。有时候,好问题的关键并不在于答案是否精彩。只要能问对问题,能带读者进入脉络之中,那么就算答案是简单的道理,也能发人深省,如朱自清以《背影》一文呈现父爱。

关于研究的创新性,大体上从高到低存在着以下几个层次:

第一个层次,也是最高层次的创新,即理论层面的创新,理论必须具有原创性,甚至是填补空白的。要在继承前人的基础上,继续开拓前进。第二个层次是方法层面的创新,是否提出了新的研究方法。第三个层次是材料层面的创新。可以是补充性的材料,为旧观点提供新材料;可以是得出新结论的材料,因新材料提出新观点;还可以是从旧材料得出新观点,重新诠释、重新解读。第四个层次是最基础的层次,即理论应用层面的创新。理论应用必须要"因地制宜",具体问题具体分析,切不可削足适履,张冠李戴。

二、理论,要有作者的灵魂

在理论的写作风格上,审稿人早已厌烦研究者只是毫无创意地整理既有文献,缺乏自己主张的论述。因此,研究者必须有创意(点子)地陈述,或推理出一个研究脉络,关键在于展现自我风格的论述。例如,我们可以从相关文献中提出 5 种理论形态(必须是个人创见),并且说明这 5 种形态中的差异点。

除此之外,另一种铺陈理论的手法是:若 A 理论的论述不足,B 理论也只能弥补部分不足,因此本研究仍需要发展 C 理论来填补 A 理论与 B 理论的研究脉络不足之处。那我们最后就一定要说明为何要用 C 理论,而不用其他理论。

总之,在理论的铺陈上,绝对要有研究者自我的风格特色、声音与其独立的新观点。千万别再单纯地当个小书僮、录音笔,只会机械化地整理文献、解释名词。

三、研究方法，要说明推理的过程

审稿人在质性研究的方法上，最挑剔的是"如何去做资料分析"，这也是质性研究最困难的创意部分。因为质性研究者处理的不是数据，而是一种理论与数据对话的历程，因此不能借助统计软件分析客观的数据。所以，我们必须更清楚地描述自己如何分析数据。

在论文上要如何呈现此思维的过程呢？通常我们得准备一张数据分析的表格。研究者应透过这张表格呈现理论与数据的对话过程。注意事项有二：第一，用该表格呈现推理过程；第二，详细说明如何分析数据及该表格的制作过程。①

四、研究发现上，要能"见所未见"

在研究发现上，我们得以故事呈现自己的论述；基本上约有几种雏形：比较法、过程法、形态法及混合法。在此，我们以形态法为例说明。例如，研究者从田野案例中发现当出租车导入卫星派遣科技之后，衍生出了三种驾驶行为：理性的司机、感性的司机与知性的司机（此部分来自于萧瑞麟老师与侯胜宗老师对出租车的研究）。如何呈现这三种使用科技的正当性？这就是研究发现的关键点了。

第一，当我们要呈现这三种驾驶形态时，所使用的呈现方法必须一致。例如，我们可能想用科技镶嵌的功能（Function）、司机的意会（Sense–making）与驾驶实践（Practice）来呈现三种司机运用科技的状况。因此，呈现与分析的方式必须依循功能、意会与实践的顺序呈现数据，以便带出这三种类型的司机的意会科技方式及其结果。换言之，要考虑读者的思维，以浅显易懂的逻辑思考，协助读者融入文章的内容与论述里。

第二，审稿人会检视引言（Quotation）是否恰当。在此，"恰当"的本质有三种含义：①引言的位置是否恰当（要检视"引言"与资料上下文的关联度与流畅性，千万别突兀地忽然跳出引言）；②引言的真实度（审查人会检视这个引言是受访者自然流露的抑或是研究者自行捏造的）；③引言不该太冗长，以免破坏文章的流畅度。千万不可刻意插入引言，这样的做法反而会破坏文章的美感，适得其反。

---

① 详见 Bechky（2003）与 Orlikowski（2002）两篇文章的表格。

五、贡献上，要能发人深省且有所启发

理论与实践贡献上除了要有"见所未见"的发现外，审稿人还会在"讨论"与"管理意义"这个部分，继续检视我们的理论与既有理论是否具有相关性。

第一，我们所建构的理论与哪些理论相呼应呢？因此，我们得和理论意义与"对的理论脉络"对话，并交代您填补了什么理论缺口。

第二，"对话理论"的年代会不会太久远？例如，我们只与1967年和1996年的文献对话，审稿人将不由得怀疑："难道没有后续的理论发展吗？你的论点会不会已经被探讨过，而却不自知？"若我们引用1967年、1996年而后跳至2010年最新的文献时，那么审稿人也可能会怀疑介于这中间的理论发展为何不见了。

第三，理论贡献的定位点为何？审稿人会回头看我们的文献探讨，并检视该发现是否延伸了某一个理论脉络，或是填补了某些理论缺口。倘若理论贡献的定位对了，那研究价值才会自然地显现出来。

六、参考文献，要能兼具"经典"与"新潮"

学术研究往往是以已有的研究成果为基础，因此，引用别人的思想观点或论据是极为寻常的事情，但是，论文一定要注明引文的出处。一方面，这体现了对他人研究成果的尊重，体现了自己治学态度的诚实、严谨和规范，另一方面，也便于论文审稿人和读者了解相关材料的来源，为后来的研究者提供参考。可以说，参考文献在学术研究中起着承前启后的作用。

对于审稿人来说，可以通过文中或文末的参考文献了解作者的学术视野，了解作者参看了哪些已有的研究成果；可以通过参考文献的出版时间，了解作者对新的材料的熟悉情况。有些审稿人会先用不同颜色的荧光笔标记，你所引用的哪些是正面论述（文献），哪些是反面论述（文献），再判断你的论点是否有趣。也有一些审稿人会检视参考文献的出处。倘若，发现作者几乎都引用《加州管理评论》（CRM）、《哈佛管理评论》（HBR）之类的文章，他就可能会认为这篇文章比较偏向实践性，而不够学术。最后，参考文献也要兼具近期的文章，同时也得引用经典原始的文章。

附录一　质性研究论文推荐

序号	基本信息	摘要
1	文章：《价值共创观点之服务模式创新：以尚品宅配的C2B与O2O为例》 作者：杜鹏，李庆芳，周信辉，方世杰	大数据、互联网、平台革命的趋势使得产品导向转变成服务导向，服务4.0的概念也引起热烈讨论。传统的线性的"设计、制造、销售"模式转成"消费者要什么、才设计什么、生产什么？"的新模式；再加上免费思维、粉丝经济等，已经掀起一股商业模式的创新。因此，本文的研究问题是创新的C2B与O2O服务流程中，暗藏于其背后的"价值共创历程"？本研究采用诠释型个案研究法解读尚品宅配这个案例，基于"价值共创"这个理论观点的解析，探讨尚品宅配以线上线下（O2O）及消费者趋动（C2B）的服务流程，无缝衔接"客户""设计师""工厂"等利害关系人，透过网络平台进行"互动与整合（Interaction & Integration, I&I）"透过利害关系人的交流、资源的交换与整合，一起解决彼此的问题进而共创价值。本文除了厘清尚品宅配C2B服务中，线上与线下（O2O）等四个服务场域与流程：第一，线上体验场域；第二，消费者家里现场；第三，设计现场；第四，售后安装现场。本研究特别解读于这四个服务脉络中，其利害关系人互动与资源整合的历程，并以"问题、互动、平台、资源、价值"等价值共创的五个理论构念，具体呈现价值共创的历程与本质。本研究借此反思与发展价值共创的脉络与机制，并据此提出理论与实务意义

续表

序号	基本信息	摘要
2	文章:《湖北中烟工业有限责任公司"黄鹤楼"的价值营销》 作者:万后芬,杜鹏,陈实,刘畅	湖北中烟工业有限责任公司成立于2003年8月25日,其前身是1916年由简照南、简玉阶两兄弟创办的"南洋兄弟烟草公司汉口分公司",至今已有90多年的历史。随着历史的变迁,公司体制几经变更。湖北中烟工业有限责任公司的成立,标志着湖北烟草行业工、商管理的分离 "黄鹤楼"是湖北中烟工业有限责任公司重点打造的核心品牌之一,"黄鹤楼"卷烟从1997年投产以来,经历了导入期、震荡期、启动期和发展期四个阶段。"黄鹤楼"凭借其高档烟的价值定位,在满足不同消费者的价值需求的同时,力求做大做强,在高档烟竞争异常激烈的环境下高速成长,在市场上享有较高的声誉,已经由区域性品牌发展成全国性品牌,并于2006年获得"中国驰名商标"和"十大梦想卷烟品牌"等荣誉;"黄鹤楼淡雅香品类"通过了由国家烟草专卖局组织的、由业内知名专家组成的鉴定委员会的鉴定,认为"黄鹤楼淡雅香品类产品开发项目,研发手段先进,通过自主创新形成的"黄鹤楼"淡雅香产品风格,属国内首创,达到国内领先水平,对中式卷烟品类构建与创新具有奠基性意义"。"黄鹤楼1916"的推出,使黄鹤楼品牌从区域性品牌中脱颖而出,与其他三个全国性高档卷烟品牌并称("华溪楼王")"四大天王" 同时,"黄鹤楼"还十分重视价值营销,从关注社会价值、探索顾客价值新空间、产学研相结合的自主创新、以文化为主线的"黄鹤楼"品牌的塑造四个方面强化了"黄鹤楼"品牌的价值营销理念及策略。在注重社会价值方面,"黄鹤楼"以打造"中式卷烟经典"为己任,在强调中国元素的应用的同时,追求原创性、体现黄鹤楼品牌的本土化特色;通过对目标消费者的调查和分析研究,把握消费者对卷烟消费的价值取向和需求,不断拓展顾客价值新空间,推出了不同价值定位的"黄鹤楼"系列卷烟;为更好地满足消费者的价值需求,"黄鹤楼"打造了"和谐"的产学研相结合的自主创新模式,为进一步创新价值奠定了基础;并以文化传播为主线实现了"黄鹤楼"高端品牌的价值传递。公司未来的战略发展方向是什么?如何进一步为实现中国烟草梦想做出努力,以绿色营销为指导、以全面价值营销为主线提升绿色价值营销水平?是湖北中烟工业有限责任公司需要进一步探讨的重要问题

续表

序号	基本信息	摘要
3	文章:《众诚车险:有渠道,任性》 作者:程丹丹,付勇	随着车险产品同质化程度增高,市场逐步显现出"渠道为王"的特征,渠道策略逐步成为各大公司竞争策略的核心。本文描述了第一家由汽车集团组筹建的汽车保险公司——众诚车险股份有限公司整个的发展过程。2010年广汽集团为了扩大汽车金融这条产业链,和多家公司共同创立众诚车险。众诚成立之初由于广汽集团的保驾护航成长得很快,但是其同也一直因为有着"大树底下好乘凉"的懈怠心理,使得众诚没能对广汽4S车行、集团内部及其产业链上下游以及电销和网销的新型直销模式充分重视和利用。走过弯路的众诚在面临同质化问题时,利用渠道获得竞争优势解决了当前发育不良的现状
4	文章:《"江小白"借O2O"绑架"用户》 作者:胡小青,程师,程丹丹	在塑化剂风波、限制"三公消费"、经济复苏缓慢等一系列负面因素冲击之下,此前风光无限的白酒企业经营受阻、传统渠道受困。随着Web 2.0时代的到来,社交媒体如火如荼,业界一直在呼吁传统行业转型。在社交媒体时代,能否给传统白酒行业带来春天呢?本案例以互联网时代下用户消费模型(SICAS模型)为蓝本,通过信息传播理论、"沉默螺旋"现象等理论分析并总结了传统白酒行业中的新星"江小白"巧妙设计吸引消费者注意(Sense)的信息传播点,使消费者产生兴趣(Interactive),并利用社交媒体布局坚固的连接桥梁(Connect),促成线上线下封闭式O2O营销闭环,最终激发其行动(Action)的完整的O2O营销过程中的各环节关键要素,最终生动地将以上关键点以故事的形式通过创始人陶石泉完整的创业之路展现出来。期待能清晰地为传统白酒企业转型提供创新的O2O营销思路

附录二 质性研究书单推荐

序号	基本信息	书籍定位
1	➢ 书名：质的研究方法与社会科学研究 ➢ 作者：陈向明 ➢ 出版社：教育科学出版社 ➢ 出版时间：2008-03-01 ➢ 类型：专著	国内第一部系统评介"质的研究方法"的专著，对目前国际社会科学界提出的有关理论问题以及新近发展出来的操作手段进行探讨，并结合有关西方学者以及作者自己的研究实例对其进行展示和说明。因其理论性与实践性的有机结合，既可以作为社会科学（及其分支学科）方法论以及方法课程的教材，也可以供从事社会科学研究的专业人员和业余爱好者参考使用
2	➢ 书名：质性研究中的访谈：教育与社会科学研究者指南 ➢ 作者：[美] 塞德曼 ➢ 出版社：重庆大学出版社 ➢ 出版时间：2009-01-01 ➢ 类型：专著	本书内容包含如何设计研究方案，以及通过流程对研究者加以引导的简易而有效的办法。研究流程中应避免的陷阱，以及如何建立与访谈对象的交流渠道、如何联系和筛选受访者。如何管理、利用和分享从深度访谈中获得的数据
3	➢ 书名：质性研究的基础：形成扎根理论的程序与方法（第3版） ➢ 作者：安塞尔姆·L. 施特劳斯（Anselm L. Strauss），朱丽叶·M. 科宾（Juliet M. Corbin） ➢ 译者：朱光明 ➢ 出版社：重庆大学出版社 ➢ 出版时间：2015-05-03 ➢ 类型：专著	展示了真实的资料分析过程（从描述到扎根理论）以及通过理论抽样的方法进行资料收集。为读者提供了思考、写作和小组讨论活动，以强化书中呈现的材料。书中收录了质性研究软件中的真实资料和分析实践

续表

序号	基本信息	书籍定位
4	➢ 书名：定性研究：策略与艺术（第2卷） ➢ 作者：[美]诺曼·K. 邓津，[美]伊冯娜·S. 林肯 ➢ 译者：风笑天 ➢ 出版社：重庆大学出版社 ➢ 出版时间：2007-01-02 ➢ 类型：专著	《定性研究：策略与艺术》（第2卷）是一种社会建构，一种社会实践的、共同创造的实体。而且，尽管它以物质的形式存在，但是随着一代的学者、研究生反复地使用它、修改它，从它发起更多的方法论范式的、理论的、实践的研究，它将毫无疑问地被再创造
5	➢ 书名：定性研究：经验资料收集与分析的方法（第3卷） ➢ 作者：[美]诺曼·K. 邓津，[美]伊冯娜·S. 林肯 ➢ 出版社：重庆大学出版社 ➢ 出版时间：2007-03-01 ➢ 类型：专著	书中检视了收集与分析经验材料的方法。它对定性研究的近40个专题进行了讨论，其内容从访谈到观察，到运用文化物质文献和历史记录，到视觉的、个人的经历，再到数据资料管理、计算机应用、叙述、内容分析和语义分析等分析方法。全书主要包括以下内容：访谈——从结构式问题到引导式话题、反思观察：从程序到文本、文献和物质文化的诠释、数据处理与分析方法、软件和定性研究、女权主义研究中的焦点小组法、应用民族志等十个内容
6	➢ 书名：案例研究方法·理论与范例：凯瑟琳·艾森哈特论文集 ➢ 作者：李平，曹仰锋 ➢ 出版社：北京大学出版社 ➢ 出版时间：2012-06-01 ➢ 类型：专著	《案例研究方法·理论与范例：凯瑟琳·艾森哈特论文集》由14篇文章组成，读者们不仅可以从中学习到规范、科学、严谨的案例研究方法，亦可了解国际学术界在以上研究领域的最新研究成果
7	➢ 书名：如何做质性研究（第1版） ➢ 作者：大卫·希尔弗曼（Silverman D.） ➢ 出版社：重庆大学出版社 ➢ 出版时间：2009-01-01 ➢ 类型：教材	作者编著的关于方法论的教科书。在作者看来，学生们仍然缺乏一本为指导他们开展质性研究、撰写报告，以及应用研究成果而专门编写的实用手册。本书与其他的方法教科书不同，它是在新手们会面临的实际问题的情境下讲授质性研究技术的。为了实现这个目标，《如何做质性研究》统合了学生们"在田野中"的经验实例、相关的案例研究、关键技术的总结，以及用来测验的练习

续表

序号	基本信息	书籍定位
8	➢ 书名：建构扎根理论——质性研究指南 ➢ 作者：［英］卡麦兹（Charmaz K.） ➢ 出版社：重庆大学出版社 ➢ 出版时间：2009-03 ➢ 类型：教材（指南）	在本书中，作者引导读者接触在社会研究中使用扎根理论的技术，为那些对这个领域还陌生的人提供了清晰的、循序渐进的指导。作者认为，扎根理论必须从其实证主义源头那里继续发展，把过去20年来由建构主义者所提出的很多方法和问题融入进来，使其成为一种更加细致和更具反思性的实践
9	➢ 书名：质性研究访谈 ➢ 作者：斯丹纳·苟费尔（Steinar Kvale），斯文·布林克曼（Svend Brinkmann） ➢ 出版社：世界图书出版公司北京公司出版时间：2013-01-01 ➢ 类型：教材	一本从科学研究的视角解读质性访谈本质的书，一本从实际操作的视角分析质性访谈流程的书，一本从认识论的视角概括质性访谈结果的书 本书不仅可以帮助初学者熟悉和了解访谈研究的基本技能，同时也可以帮助有一定基础的研究者从更高的层面来认识和把握访谈研究的方法
10	➢ 书名：案例研究方法的应用（第3版） ➢ 作者：罗伯特·K.殷（Robert K. Yin） ➢ 出版社：重庆大学出版社 ➢ 出版时间：2014-09-01 ➢ 类型：教材	本书包含21个案例研究的应用"实例"，其中18个由作者本人设计和实施。本书所选案例来自不同的学科，涉及不同性质的问题，如教育、社区发展、公共卫生、小企业发展、高新技术园区建设等。根据研究的不同方式和取向，将涉及的案例进行归类，如描述性案例、解释性案例，以及跨案例分析等，并通过具体的案例来体现其特点和研究方法。通过"材料框"和"幕后故事"的理论描述，将案例研究的应用与案例研究的基本理论和方法联系起来
11	➢ 书名：社会研究问题、方法与过程 ➢ 作者：迪姆·梅 ➢ 译者：李祖德 ➢ 出版社：北京大学出版社 ➢ 出版时间：2009-01-01 ➢ 类型：教材	《社会研究问题、方法与过程》分为上下两编，上编介绍了社会研究中的重要论题与理论视野，下编介绍了社会研究的主要方法及研究过程。全书章节安排逻辑严谨，写作风格清晰准确，每章设置有反思性问题及扩展阅读材料，对教师教学和学生温习均具实用价值 《社会研究问题、方法与过程》是社会科学领域的本科生、研究生学习社会研究方法的理想教材，同时也是社会研究实践人员必备的理论参考资料

附录二 质性研究书单推荐

续表

序号	基本信息	书籍定位
12	➢ 书名：质性社会学的探索：理论方法应用 ➢ 作者：尹小俊，张春华，杨红娟 ➢ 出版社：社会科学文献出版社 ➢ 出版时间：2012-07-01 ➢ 类型：教材	《质性社会学的探索：理论·方法·应用》为人们描绘了一幅"质性社会学"的学科画卷。本书回答了质性社会学值得关注的多个关键议题，尝试以"质性思维"的视角、理论与方法不断深入到社会运行与发展的不同领域、不同阶段和不同层面
13	➢ 书名：质性研究概论 ➢ 作者：文军，蒋逸民 ➢ 出版社：北京大学出版社 ➢ 出版时间：2010-01-01 ➢ 类型：教材	《质性研究概论》不仅对质性研究的基本理念、理论基础和研究设计做了系统的探讨和分析，还对一些常用的质性研究方法做了详细介绍和深入浅出的案例说明，为社会科学研究者与实践工作者更好地掌握质性研究方法提供了很好的范本
14	➢ 书名：质性研究中的资料分析计算机辅助方法应用指南 ➢ 作者：哈恩 ➢ 出版社：重庆大学出版社 ➢ 出版时间：2012-06-01 ➢ 类型：教材	本书重点是如何使用我们所熟悉的工具（如 Word、Excel、Access 等）有效地管理和分析质性资料。质性研究者可以使用扎根理论、民族志、案例研究、焦点群体、现象学等方法，或这些方法的不同组合来进行研究设计；质性资料可能采集于访谈、观察、参与观察、实地笔记、期刊、公开的文件、照片、录制的音像等
15	➢ 书名：质性资料的分析：方法与实践（第2版） ➢ 作者：[美]迈尔斯，[美]休伯曼 ➢ 译者：张芬芬 ➢ 出版社：重庆大学出版社 ➢ 出版时间：2008-03-01 ➢ 类型：工具书	一本实用的工具书，为所有采用质性方法进行资料收集和分析的研究者而作。重点放在资料展示上，包括矩阵表与网状图，而不仅是一般的文字叙述。编者对每种资料展示的方法都详加说明并举例。书籍实例来源于教育、医疗、公共卫生、人类学、心理学、社会学、企业研究、政治科学、公共行政、评估、图书馆科学、组织研究、犯罪学、家庭研究、政策研究等

续表

序号	基本信息	书籍定位
16	➢ 书名：定性研究：方法论基础（第1卷） ➢ 作者：[美]邓津，[美]林肯 ➢ 译者：风笑天 ➢ 出版社：重庆大学出版社 ➢ 出版时间：2007-01-01 ➢ 类型：工具书	本书是定性研究方法方面极为全面的工具书。全书约200万字，涉及定性研究的发展历史，定性研究的方法论基础，定性研究的具体方法、策略和艺术，定性研究的未来发展等内容，这些内容分别体现在41个专题之中
17	➢ 书名：案例研究：设计与方法（中文第2版） ➢ 作者：[美]罗伯特·K.殷 ➢ 译者：周海涛，李永贤，李虔 ➢ 出版社：重庆大学出版社 ➢ 出版时间：2010-10-01 ➢ 类型：工具书	《案例研究：设计与方法》一书可以被看作案例研究的工作流程说明，能够帮助读者处理案例研究中一些比较有难度的问题。而《案例研究方法的应用》一书则为读者展示了来自教育、社区研究、法律、戒毒等领域的案例研究的"案例"，这些案例为读者提供了开展案例研究时可以直接参考的范本

参考文献

[1] Bechky B. A.. Object Lessons: Workplace Artifactsas Representations of Occupational Jurisdiction [J]. *American Journal of Sociology*, 2003, 109 (3): 720 – 752.

[2] Bechky B. A.. Sharing Meaning Across Occupational Communities: The Transformation of Knowledge on a Production Floor [J]. *Organization Science*, 2003 (14): 312 – 330.

[3] Bik P. A.. The Art of Case Study Research [M]. *Sage Publications*, 1995.

[4] Carlile P. R.. A Pragmatic View of Knowledge and Boundaries: Boundary Objectsin New Product Development [J]. *Organization Science*, 2002, 13 (4): 442 – 455.

[5] Carlile P. R.. Transferring, Translating and Transforming: An Integrative Frame Work for Managing Knowledge Across Boundaries [J]. Organization Science, 2004, 15 (5): 555 – 568.

[6] Dewey J.. Logic: The Theory of Lnquiry [M]. New York: Halt Press, 1938.

[7] Denzin N. K., Lincoln Y. S.. The Sage Handbook of Qualitative Research [J]. *Asian Journal of Social Psychology*, 2007, 10 (4): 277 – 279.

[8] Dutton J. E., M. C. Worline, et al.. Explaining Compassion Organizing [J]. *Administrative Science Quarterly*, 2006, 51 (1): 59 – 96.

[9] Edgington E. S.. Review of The Discovery of Grounded Theory: Strategies for Qualitative Research [J]. *Canadian Psychologist Psychologie Canadienne*, 1967, 8a (4): 360.

[10] Eisenhardt K. M.. Building Theories from Case Study Research [J]. *Academy of Management Review*, 1989, 14 (4): 532 – 550.

[11] Golden-Biddle K., Locke K.. Appealing Work: An Investigation of How Ethnographic Texts Convince [J]. *Organization Science*, 1993, 4 (4): 595-616.

[12] Golden-Biddle K., Locke K.. Appealing Work: An Investigation of How Ethnographic Texts Convince [J]. *Organization Science*, 1993, 4 (4): 595-616.

[13] Hargadon A., Sutton R. I.. Technology Brokering and Innovation in a Product Development Firm [J]. *Administrative Science Quarterly*, 1997, 42 (4): 716-749.

[14] Hargadon A. B.. Firms as Knowledge Brokers: Lessons in Pursuing Continuous Innovation [J]. *California Management Review*, 1998, 40 (3): 209-227.

[15] Hsiao R. L., S. D. H. Tsai, et al.. The Problems of Embeddedness: Knowledge Transfer, Coordination and Reuse in Information Systems [J]. *Organization Studies*, 2006, 27 (9): 1289-1317.

[16] Kellogg K. C., Orlikowski J., Yates J.. Life in the Trading Zone: Structuring Co-ordination Across Boundaries in Post Bureaucratic Organizations [J]. *Organization Science*, 2006, 17 (1): 22-44.

[17] Klein H. K., M. D. Myers. A Set of Principles for Conducting and Evaluating Interpretive Field Studiesin Information Systems [J]. *MIS Quarterly*, 1999, 23 (1): 67-93.

[18] Levina N., Vaast E.. The Emergence of Boundary Spanning Competence Inpractice: Implications for Implementation and Use of Information Systems [J]. *MIS Quarterly*, 2005, 29 (2): 335-363.

[19] Merriam S. B.. Qualitative Research and Case Study Applications in Education. Revised and Expanded from "Case Study Research in Education" [J]. *British Educational Research Journal*, 1998, 41 (2): 287-302.

[20] Nicolini D.. Practice as the Site of Knowing: Insights from the Field of Tele medicine [J]. *Organization Science*, 2011, 22 (3): 602-620.

[21] Nicolini D., Mengis J., Swan J.. Understanding the Role of Objects in Cross-Disciplinary Collaboration [J]. *Organization Science*, 2012, 23 (3): 612-629.

[22] Orlikowski W. J.. Knowingin Practice: Enactinga Collective Capabilityin Distributed Organizing [J]. *Organization Science*, 2002, 13 (3): 249-273.

[23] Orlikowski W. J.. Sociomaterial Practices: Exploring Technology at Work. *Organization Studies* [J]. 2007, 28 (9): 1435 – 1448.

[24] Orlikowski W. J.. The Sociomateriality of Organisational Life: Considering Technology in Management Research [J]. *Cambridge Journal of Economics*, 2010, 34 (1): 125 – 141.

[25] Pan S. L., Tan B.. Demystifying Case Research: A Structured – Pragmatic – Situational (SPS) Approach to Conducting Case Studies [J]. *Information & Organization*, 2011, 21 (3): 161 – 176.

[26] Pawlowski S., Robey D.. Bridging User Organizations: Knowledge Broker in Gas the Work of Information Technology Professionals [J]. *MIS Quarterly*, 2004 (28): 645 – 672.

[27] Pettigrew A. M.. Longitudinal Field Research on Change: Theory and Practice [J]. *Organization Science*, 1990 (3): 267 – 292.

[28] Schultze U., Orlikowski W. J.. Virtual Worlds: A Performative Perspective on Globally Distributed, Immersive Work [J]. *Information Systems Research*, 2010, 21 (4): 810 – 821.

[29] Smith Joel. A Methodology of Twety – First Century Sociology [J]. *Social Forces*, 1991, 70 (1): 1 – 17.

[30] Tyre M. J., von Hippel E.. The Situated Nature of Adaptive Learning in Organizations [J]. *Organization Science*, 1997, 8 (1): 71 – 83.

[31] Vaast E., Walsham G.. Trans – Situated Learning: Supporting a Network of Practice with an Information Infrastructure [J]. *Information Systems Research*, 2009, 20 (4): 547 – 564.

[32] Wagner E. L., Newell S., Piccoli G.. Understanding Project Survival in an ES Environment: A Sociomaterial Practice Perspective [J]. *Journal of the Association for Information Systems*, 2010, 11 (5): 276 – 297.

[33] Walsham G.. Doing Interpretive Research [J]. *European Journal of Information Systems*, 2006, 15 (3): 320 – 330.

[34] Yin R. K.. Case Study Research: Design and Meth – ods (3rd ed.) [M]. Sage Publications, 2003.

[35] 毛基业，李高勇. 案例研究的"术"与"道"的反思——中国企业管

理案例与质性研究论坛（2013）综述［J］．管理世界，2014（2）：111-117．

　　［36］毛基业，李晓燕．理论在案例研究中的作用——中国企业管理案例论坛（2009）综述与范文分析［J］．管理世界，2010（2）：106-113．

　　［37］斯丹纳·苛费尔，斯文·布林克曼．质性研究访谈［M］．世界图书出版公司，2012．

　　［38］苏芳，黄江明．质性研究设计与写作的若干策略——"中国企业管理案例与质性研究论坛（2012）"会议综述［J］．管理世界，2013（2）：136-140．

　　［39］肖静华，谢康，吴瑶，廖雪华．从面向合作伙伴到面向消费者的供应链转型——电商企业供应链双案例研究［J］．管理世界，2015（4）：137-154．

　　［40］杨宜音．自己人：一项有关中国人关系分类的个案研究［J］．本土心理学研究（台北），2011（13）：131-157．